COLLECTION POÉSIE

CHRISTIAN BOBIN

L'Enchantement simple

suivi de

Le Huitième Jour de la semaine
Le Colporteur
L'Éloignement du monde

Préface de Lydie Dattas

nrf

GALLIMARD

PRÉFACE

La Voie du cœur

Qui veut écrire se voit proposer sur-le-champ quatre chemins d'égarement : l'intellectualisme qui dessèche, l'introspection qui limite, l'imagination qui égare et la psychologie qui fausse. S'il a dans les veines un sang assez rouge pour proférer le chemin brûlant de l'intuition, le candidat à la beauté pénètre enfin dans le vrai domaine du verbe. Pourtant, le chemin sera long encore avant qu'il parvienne au centre même du langage, là où ne s'aventurent que les saints de l'écriture.

Les Arabes le savent depuis toujours : pour atteindre le firmament spirituel, rien ne vaut l'espèce de cabriole céleste que le cœur imprime au langage afin de le faire décoller. Que ce cœur prenne appui pour s'envoler sur l'orgueil vertueux d'al-Mutanabbi ou sur l'humilité princière de Jean Grosjean, sur la sagesse tourmentée de Corneille ou sur le détachement passionné de maître Eckhart, sur le désespoir ensoleillé de Rimbaud ou sur la joie opiniâtre de Christian Bobin, il est le noyau ardent du langage et le maître de la phrase : sans lui, celle-ci n'est rien qu'une enveloppe vide.

C'est donc notre cœur que nous devrons travailler si nous voulons porter le verbe à incandescence et empêcher Dieu de mourir, car, en dernière instance, c'est toujours le cœur, et lui seul, qui décide de la beauté des phrases, et il n'y a rien qui puisse donner au langage une telle force : « Si on jetait sur les montagnes un seul atome de ce que contient mon cœur, elles entreraient en fusion[1]*. » Ainsi le cœur devra-t-il être ce bloc igné que nous précipiterons sur l'enclume afin de le transformer en langage.*

Notre siècle tente vainement de nous faire croire que la profondeur de l'âme gît dans la basse-fosse de l'inconscient et de nous éclairer sur les liens supposés de la vérité et du mal : sans le grand rêve de charité qui le tourmente, ce « sans-cœur » de Rimbaud ne serait rien qu'un frère plus doué de Lautréamont, et c'est en nous parlant avec douceur que ce rebelle d'Arthur Rimbaud nous fait pleurer. À une époque bassement admirative de ce que l'âme humaine a de plus vil, il est logique qu'une œuvre aussi éprise de transcendance que celle de Christian Bobin soit scandaleuse. Si ses livres suscitèrent d'abord le murmure enchanté qui accompagne l'apparition des miracles, celui-ci se changea bientôt en ce grincement de dents des incrédules qui marque à notre époque l'avènement de l'esprit. Il revient en effet à Christian Bobin d'avoir redécouvert, et comme à son

1. Hallaj.

point de source, cette voie sémite qu'est la voie du cœur, et plus spécifiquement la voie soufie. Dieu n'a pas craint de faire un détour par la province française pour allumer dans cette poitrine creusotine la mèche de ce cœur arabe qui menace de s'éteindre en Orient. Il semblerait d'ailleurs que les soufis d'aujourd'hui le reconnaissent comme un des leurs...

Si « l'angoisse, c'est Dieu qui s'éloigne[1] », l'Occident paie chèrement son incrédulité. Pourtant, celle-ci n'est pas fatale. Par une théologie incontestable même pour un regard athée, Jean Grosjean a montré ce qui reste de Dieu une fois qu'on l'a dépouillé de toutes nos illusions : une intimité sans pareille et un souffle. Car, paradoxalement, c'est peut-être dans ce siècle athée que Dieu trouve enfin sa vraie place : chassé du ciel des philosophes et rescapé de celui des théologiens, il se réfugie sous la dorure d'une feuille morte ou dans le silence d'une victime. Il est ce qui demeure de merveilleux lorsqu'on a détruit jusqu'à l'espérance d'un salut. À quoi Christian Bobin ajoute ce simple rayon de soleil qui, en traversant nos larmes, fait naître un arc-en-ciel dont les irisations sont plus irréfutables que les dogmes.

Mais qu'est-ce que le cœur ? Et s'il était tout le contraire de ce qu'on nous en dit, si rien au monde n'était aussi violent et aussi subversif que lui ? « Personne n'a jamais eu le cœur aussi dur que le Christ »,

1. Jalâluddin Rumi.

nous dit Christian Bobin[1]. *« Le Christ peut rayer le monde avec son cœur, parce que celui-ci a la dureté du diamant*[2]. *» Il est le moteur de la guerre, le nerf du grand Djihad. Rien de moins sentimental que le cœur, et rien,* au fond, *de moins mièvre que l'œuvre de Christian Bobin. Par le souci qu'il a de ne servir que la lumière, il se révèle en définitive bien plus proche du prophète Amos que des mièvreries sulpiciennes dont on l'a, à tort, rapproché.*

N'en déplaise aux intellectuels, il n'y a que deux littératures : une qui nous égare et l'autre qui nous guide. La première détourne d'une main criminelle les panneaux indiquant le ciel, la seconde les remet en place avec une constance héroïque. « Ce qui ne m'aide pas à aimer ou à mourir, je ne m'en soucie pas[3] *», écrit Christian Bobin. Un peu d'aide est donc la seule gloire des Lettres. Il faut ne rien connaître du vrai malheur pour choisir de l'éterniser dans un livre. Le culte du néant n'est rien d'autre qu'un vice bourgeois. Ceux qui ont traversé le pire ne s'y trompent pas : jamais ils ne confondront le diamant rose du cœur avec cet anthracite amorphe que tant d'écrivains vont chercher aujourd'hui dans l'approfondissement du mal. Il faut remonter à saint François pour trouver une littérature aussi lumineuse. La merveille est qu'elle apparaît dans un siècle qui pense avoir banni le divin.*

1. *La Lumière du monde.*
2. *Ibid.*
3. *Ibid.*

« Le livre du soufi n'est pas composé d'encre et de lettres. Il n'est rien d'autre qu'un cœur blanc comme la neige. » Christian Bobin aurait pu signer cette phrase de Rumi. Épris de cette pureté qui fait vomir les tièdes parce qu'elle est la seule épée véritablement efficace qu'on puisse opposer au monde, les préraphaélites appliquaient une couche de peinture blanche sur la toile avant d'y peindre les couleurs, ce qui leur conférait une fraîcheur d'émail.

La bonté : tel est l'enduit exceptionnel que, sur sa feuille, Christian Bobin ose étaler avant d'écrire. Fort de cette douceur-là, sans tenir compte de la noirceur de l'air du temps, il pose une à une sur la page les couleurs miraculeuses de la vie, et ses livres deviennent un « herbier où rien ne serait desséché, où tout garderait sa fraîcheur d'apparition[1] ». Ainsi tout ce qu'il montre prend-il immédiatement l'éclat incomparable du paradis. Le paon blanc du réel fait la roue au cœur de son écriture, faisant vibrer surnaturellement les rémiges neigeuses de ses phrases. « Sans l'invisible nous ne verrions rien, nous serions dans le noir complet. » Les illuminations de Christian Bobin sont les traces de cet invisible.

« Ceux qui cherchent Dieu comprennent tout », affirme le Livre des proverbes. À vingt ans, sans avoir pratiquement jamais quitté sa chambre, Christian Bobin a des lumières inexplicables sur la vie. Ce que les très vieux maîtres n'obtiennent qu'à la force de patience et

1. *Autoportrait au radiateur.*

de travail semble lui avoir été donné d'emblée : « La foudre du vieil âge atteint ainsi l'enfance au beau milieu de ses jeux. L'éclair d'un savoir dont la lueur se prolongera jusqu'à l'ultime instant[1]. » Son écriture a tout de suite été simple et lumineuse : il commence avec les gouaches découpées que Matisse mettra toute sa vie à inventer.

Il faut être soi-même un naïf pour croire que son œuvre est simpliste : camélia trop parfait pour ignorer l'enfer, elle dit par omission la violence à laquelle sa douceur l'arrache. Son absence la signale presque plus sûrement que ne le ferait sa présence. Un style d'une limpidité aussi enfantine n'a pu naître que dans une conscience d'une complexité absolue : « Je dors dans le noir, je me réveille dans le noir, je mange dans le noir, je passe ma vie dans le noir, et lorsque dans le noir je commence à écrire je ne trouve que la lumière, partout la lumière[2]. » L'enchantement simple est sa réponse aux cruautés inextricables de la vie : si l'écriture le sauve quand le monde le condamne, refuser de le lire c'est peut-être refuser notre recours en grâce.

Mais si chaque cœur diffère d'un autre cœur autant qu'une rose rouge diffère d'une rose blanche, qu'est-ce donc qui distingue le cœur de Christian Bobin de tous les autres, quelle est sa couleur pourpre ? « La certitude d'avoir été, un jour, une fois, aimé — c'est l'envol

1. *Le Huitième Jour de la semaine.*
2. *Autoportrait au radiateur.*

définitif *du cœur dans la lumière*[1]. *» Ce qui le rend reconnaissable entre tous, c'est sa capacité hors du commun à résister au malheur jusque dans les pires circonstances. Il n'insiste jamais sur la douleur, mais veille à sertir du plus précieux or spirituel chaque détail du réel qui pourrait nous ravir à l'angoisse, à la folie, au désespoir ou au suicide. Quand il n'existerait plus au monde qu'un seul être capable d'espérer et de voir la lumière à travers tout, ce serait Christian Bobin. Quand tous les cœurs sombreraient brusquement dans la nuit, le dernier à désespérer serait le sien. Comme les disciples de Jésus au mont des Oliviers, il s'est parfois assoupi pour échapper à la montée intolérable de la peur, mais jamais il n'a lâché son âme, jamais il n'a cédé à l'affreux désenchantement du monde.*

Ce n'est pas que Christian Bobin s'aveugle ou s'illusionne : plus qu'un autre, en ouvrant les yeux sur le monde, il a flairé l'odeur de sang des catastrophes : « Quand je suis né, on m'a mis dans un berceau, mais tout de suite après la maison s'est écroulée sur moi[2]. *» Ce n'est pas non plus faute d'avoir connu le pire : comme chacun, il a vu mourir des êtres chers, mais,* chose impardonnable, *sa confiance en la vie a tenu. Même s'il voulait céder au découragement il ne le pourrait pas, car son courage lui a été donné par les anges. Sa*

1. *L'Éloignement du monde.*
2. *Ressusciter.*

sérénité n'est pas le fruit d'une ascèse : elle est une grâce. Celle qui lui fut octroyée en compensation d'une sensibilité crucifiante.

Il a en l'amour une confiance qui semble avaler même la mort : aussi profondément que creuse en lui la souffrance, elle ne tombe jamais sur ce désespoir putride qui fait le régal des modernes. Du drame le plus noir il parvient toujours à extraire la dernière goutte de lumière qui fera rebondir l'espoir, et il n'est de malheur auquel il ne parvienne à imprimer la poussée ascensionnelle de la joie. Celle-ci pourrait même sembler scandaleuse tant elle est loin de l'expérience commune de la douleur. Mais elle est son expérience du réel, *et, en tant que telle, une énigme aussi insondable que la suavité de l'azur au-dessus des souffrances humaines.*

La résistance radieuse de Christian Bobin au désenchantement de son siècle fait plus que nous apporter un réconfort : elle ouvre une brèche au fond de l'impasse sordide où une littérature déliquescente avait fini par attirer la pensée. Car Christian Bobin est avant tout un visionnaire. Frère d'Emily Dickinson, il entend et il voit au-delà du spectre du visible et de l'audible (il dit pouvoir entendre battre le cœur d'une fourmi), mais ce don exceptionnel est aussi une malédiction. « À ma naissance, une fée s'est penchée sur mon berceau et m'a dit : tu ne goûteras qu'à une part infime de la vie, mais en échange, tu la percevras toute[1]. » *En s'obstinant à*

1. *Ressusciter.*

vivre toute l'année dans ce huitième jour de la semaine qui échappe à la tyrannie du calendrier, Christian Bobin rejoint la tribu éparse des contemplatifs. « Encore tout enfant, je suis sorti de mon corps et je suis entré dans mes yeux. » À travers la vitre blindée de l'autisme, un enfant regarde le monde et, refusant d'y entrer, finit par le voir comme personne.

S'oubliant assez pour connaître la beauté du réel, il peut enfin exprimer son amour et le chanter. « Moi, ce qui me touche le plus, c'est le chant, c'est-à-dire quand toute la force qui circule dans le sang va se trouver réunie comme un bouquet de roses dans le cœur[1]*. » À un moment, le cœur se métamorphose en pur-sang, devient la jument al-Bouracq. C'est alors que commence le voyage nocturne de la beauté : quittant de ses sabots la terre, il galope à travers la Voie lactée. Plus rien ne peut retenir le cœur qui vole à bride abattue à travers les myriades d'étoiles, et qui voit défiler en visions les sidérants paysages de l'esprit.*

À son retour sur terre, celles-ci deviendront Les Roubayat, Les Secrets du moi, La Saison en enfer, La Légende de Fatumeh, L'Ange qui boite, L'Ironie christique, Le Lévrier du ciel, Prisonnier au berceau. *Aucun poète, s'il a omis de monter au ciel avec son cœur, ne pourra jamais en refléter la beauté. Car, comme le dit magnifiquement Christian Bobin :*

1. *La Lumière du monde.*

« Quand le cœur se trouve dans l'alignement même du soleil, il n'y a rien de plus beau[1]*. »*

Lydie DATTAS

1. *La Lumière du monde.*

L'ENCHANTEMENT SIMPLE

Qui nous garde, qui nous protège et de quoi ? Si nous nous retournions sur le chemin — mais ce geste est impossible —, nous verrions que notre ombre s'attarde loin de nous, que d'autres ombres l'accompagnent et la veillent. Ce livre, Hélène, je l'ai écrit avec toi, dans l'éternité de tes quatre ans. Entre le corps et son ombre, entre l'âme et le feu qui demain la mangera toute. La matière de ces pages est celle de l'air dans les arbres, du silence sur les terres et des lumières sur les eaux. Ces mots, je les ai cueillis au long de nos promenades dans l'imprévisible contrée, celle que ne pouvait désoler l'inflexion des lumières dans le soir. Je les ai ramenés chez moi, avec ces châtaignes ou ces plumes de geai que tu découvrais, ravie, dans les fossés pleins d'étoiles. La nuit, je les disposais sur le blanc de la feuille. Ils s'assemblaient dans un guide forestier de l'éternité, qui m'aidait à passer d'un jour à l'autre. À présent, je te l'offre. Je suis plus loin dans le temps, sur le même chemin, toujours. Chaque matin jette à mes pieds la dépouille des chiens de la mort. Combien de saisons encore la joute tournera-t-elle à mon avantage ? Je songe à cette unique fois où celui qui défend mes couleurs mordra la poussière, lorsque s'ébranleront les assises immatérielles de la chair, lorsqu'il me faudra affronter le noir cavalier : mon recours, le seul, sera de lui lancer aux yeux cette poignée d'amour fou sur quoi mes mains, toujours, se sont refermées. Ce lent regard sur l'enfant, sur le ciel, sur le vide.

I

Cette fraîcheur ressuscitée du lilas devant la fenêtre

La première phrase commence ainsi : il y a les couples. Il y a les couples, ceux qui sont dans les maisons, derrière le papier peint des murs : la fin des solitudes, la maladie organique de l'amour. Les corps sont appris. On sait leurs préférences, d'un jour à l'autre, d'une pièce à l'autre, le bruit des pas, les humeurs éternelles. On sait tout ce qui est à savoir, le bonheur, l'amertume, dans un sens, c'est pratique. Les choses qu'on ne sait pas, on s'en méfie. Elles n'entrent plus dans les gestes, dans les rêves. Elles échappent. La haine les mange, en silence, elle s'en nourrit. C'est la loi, la règle. Et puis il y a l'autre solitude. On peut la découvrir, toujours. C'est comme une première fois. Elle ne part pas. Elle est là, toujours possible. Intacte, inutile. Celle de l'âme rompue, ravie. Celle de l'écriture. Je ne la reconnais qu'à l'instant de la perdre, au bord de trop parler. Je la vois à l'œuvre dans la chambre des amants, dans ce silence sur eux comme la neige, comme le poids de la neige sur les cils, sur les dents. Les mots de l'amour sont comme l'amour que l'on fait, ils demandent la nuit, l'éclat sans égal de la nuit. On aime. On écrit. C'est pour ne pas mourir et c'est juste après la mort.

Ainsi commence la lettre que vous ne lirez pas.

Les arbres du jardin. La douceur qui gouverne chaque feuille. Le livre sur le lit. Les fruits sur la table, atteints par une légère touche d'or. Les choses n'ont plus d'épaisseur. Tout est simplifié dans cette blanche lumière de l'abandon. Aucun objet n'échappe à la maladresse générale. Une attente. Une attente infinie dont s'égarerait l'objet, puis le sens. On ne saurait plus qui, ou quoi, est attendu. Cette faim affolée de votre corps. Cette douceur qui n'aura pas lieu, cette douceur arrachée : l'amour est là. Maintenu, refusé. Il est là, dans cette pièce, sous mes yeux, dans ce mal de lui qu'il me donne. Dans ce lent regard sur les murs, sur le tout de cette maison prise dans l'accident de votre départ. Dans le cercle où je me tiens, le corps enténébré, la langue brûlée. Là, dans cette pièce, il se tient, tout entier.

L'odeur de l'herbe fraîchement coupée. La nudité du mot absence. Cette musique préférée de vous : des chants grégoriens, comme au bord de la mer, très proche de mourir. Cet art accompli du souffle et du silence, qui seul me permettrait de vous atteindre. Les jours qui passent. Doux écœurement du tabac. Ce livre de peintures, ouvert sur la table. Dürer. Toujours cette certitude de visages dérangés, défaits. 1518. Une lumière, qui les inquiète de moins en moins. Les religieux ont des traits de marchands. Les anges sont les premiers informés de ce qui se passe, et s'en désolent. Mélancolie. Personne ne sait : les usines, les grandes étoffes noires des usines. Le miroir du ciel en deuil. La très sainte oisiveté bannie des grandes villes. Plus rien, plus personne. Que des usines, toujours plus. Souvenez-vous. Ces longues promenades avec Hélène, dans l'insignifiance de cette ville industrielle. L'enchantement simple. Une avenue, bordée par les murs de l'usine. Le soleil chasse nos ombres, loin devant nous. Séparés par quelques mètres, nous tendons les bras en avant, faisant en sorte que les trois ombres se tiennent par la main. Hélène éclate de rire.

Comme le monde est clair, petite fille.

*

Il y a les livres, vous savez bien. Lecture stupéfiée, lecture hagarde. On avale les potions de l'encre, chaque jour un peu, pour faire tomber la fièvre, on l'aggrave en fait. Le désir d'une trêve, d'un sommeil semblable à celui des bêtes, aucune lecture ne l'exauce, jamais. On peut lire tous les livres, ou bien aucun. C'est égal. Lire : prier au désert. Laver son visage de l'ombre qui le mange. Les doigts jaunis du lecteur, son âme en poudre, toutes pages tournées. Comme si cela était de quelque utilité : autant, sur une main brûlée, appliquer un linge de plomb fondu. Ou bien tailler le vent, mâcher de l'eau, creuser le feu. Ou bien ne pas lire. Il arrive aussi, mais c'est très rare, qu'un livre donne le coup de grâce, une page intégrale de lumière, le vif-argent de l'âme, un grand écrivain. Alors, oui, je vous retrouve. Dans Pascal, par exemple : « Ainsi nous ne vivons jamais, mais nous espérons de vivre, et nous disposant toujours à être heureux, il est inévitable que nous ne le soyons jamais. » Étonnements à lire Pascal. Lecture étonnée. Lecture traversée de tonnerre. On voit quelqu'un qui a vu quelque chose. On ne sait quoi. On ne doute pas de cette vision. On ne peut rien en dire. Trop de lumière aveugle. Au fond, Pascal est muet. Cette langue si pure est paralysée. Ces mots sont tétanisés. On lit, et on ne voit rien, que cette trace d'une vision à un autre advenue, que le visage de Pascal, troué d'encres, froissé de nuit. Et ses yeux, surtout, ses yeux : affolés et fixes. Noirs. On regarde ces yeux-là. On s'étonne de cet étonnement-là. Présence frappée d'absence. Atteinte de mort ou de grâce.

Le serpent des mots écrasé sous le talon de l'ange.

Arracher les pages des livres, une par une. Déchirer les livres comme une folle déchire son manteau, puis sa robe, puis sa peau, puis sa chair, puis ses os, puis la nuit dans ses os, regardant sous ses ongles si le mal n'y est pas, la noirceur, la terre, qui la ronge. Mais non, rien. Les feuillages de Pascal. Les cailloux de Montaigne. Ongles cassés de la lecture. Scories, déchets. Terre en vain agitée.

*

Souvenez-vous. La venue d'Hélène dans ce jardin. Vous dormez dans une chaise longue. Hélène s'approche, attentive. Troublée par cet ordre du sommeil auquel le moindre fragment de votre corps se soumet, sans réserve. Son visage tout près du vôtre. Pendant plusieurs minutes. Puis elle repart, avec un gain de lumière dans ses yeux, un surcroît de légèreté dans ses pas. Ses pieds nus dans l'herbe fraîche. Je la regarde s'éloigner. Je vois cette lenteur qui l'affecte, cette merveilleuse infirmité de la lenteur. Elle revient, le lendemain, toujours par cet espace vide dans la haie. De plus en plus souvent. Elle ne nous parle qu'au bout de plusieurs semaines, pour demander un verre d'eau.

Soirée sans livres. J'écris. La nuit est là, désaffectée. Vous écrire ne m'aide en rien. L'absence est une maladie, blanche. Elle affecte le corps, mais aussi le langage, qui dès lors ne saurait la dire : aucune parole n'y suffit. Toutes sont contaminées. Imaginez une main, prise sous les glaces. Un animal tremblant et doux, dans une cage de flammes. Tournant et retournant sur lui-même. Espérant sans plus espérer une impossible délivrance.

Il a plu durant ces quelques lignes. Je ne m'en aperçois qu'à présent, par cette fraîcheur ressuscitée du lilas contre la fenêtre. Et si alors je lève les yeux, devant les arbres, dans cette transparence de l'air, je vois votre corps. C'est cela que je fais, lorsque je ne vous écris pas : je vous écris encore. Je vous regarde. Je regarde et j'entends cette musique miraculée de vos rires et de vos gestes en ce jardin. Ce que je veux vous dire aurait à voir avec cet élancement mauve du lilas devant mes yeux. Bien sûr, c'est impossible. Bien sûr.

Il y a des photographies de vous dans cette maison, partout. Vous souriez, vous mentez. Votre visage négligé, celui que vous empruntez pour aller dans le monde. Inusable. Je vois votre vie indifférente à votre vie. Je crois que vous avez depuis toujours ruiné l'intelligence que l'on pourrait avoir de vous, effacé les chemins, condamné les portes. Je crois qu'on ne peut rien faire de vous, sinon ça : passer outre à toute compréhension, à toute prévision, et vous aimer, inlassablement vous aimer. Comme dans l'écriture, n'est-ce pas : sans réserve. Inlassablement.

D'une promenade, j'ai ramené quelques branches de genêts. Leur lumière fait écran à la lumière du jour. Quelques fleurs sont tombées sur cette page. Dehors, la soirée commence. Brûler des mots aux quatre coins de la chambre. S'étourdir un peu du parfum de l'encre. Mais auparavant, passer cette heure plus longue que le jour et la nuit ensemble. N'appeler personne, surtout personne. En général, l'heure suivante arrive, neutre, fade. Douce. La nuit est là, brûlante. En général.

*

Un autre jour, le même. Le ciel est d'un bleu lourd, plombé. Le jardin est pillé par une lumière mauvaise, folle. Elle donne aux arbres une allure de maigreur, de pauvreté. Un chat traverse le jardin, avec une lenteur exagérée. Ses yeux, deux éclats d'or sombre. Il ne bouge plus. Captif d'un murmure du vent dans les herbes. Le sang, en lui, mince comme un fil. Tendu à se rompre. Il ne semble pas se soucier des moineaux. Il reste immobile, longtemps, dans l'ignorance de la fin du danger, dans le silence revenu.

D'Hélène, un jour, vous me dites : c'est un instinct plus profond que l'instinct qui l'a portée vers nous, se soumettant aussitôt son intelligence, ses gestes et jusqu'à son sommeil. Cette façon qu'elle a de s'endormir partout, pour quelques instants, dans un fauteuil, au pied d'un arbre, à même le sol. Un sommeil massif, cru. Englouti. Un sommeil du plein jour. Le corps recouvert par des eaux noires, que le rêve n'atteint pas. Au réveil, elle reprend le jeu interrompu, là où le sommeil l'avait surprise. Vous dites : elle est folle. Sa folie est ordinaire, somptueuse. C'est celle du premier âge de la vie, de l'enfance. Une défaillance dans la mort partout régnante.

Vous parlez encore, je ne vous écoute plus. Je regarde Hélène entreprendre quelques pas de danse autour du cerisier. Sans musique, sans rien.

La pluie. Elle est là comme une punition, comme un dimanche. Je prends un café noir, tiède, lourd. C'est pour éviter de mourir. La pluie fait comme une cage. Que faire des enfants lorsqu'il pleut, lorsque le ciel obstrue les portes et les fenêtres ? On ne sait pas. Par ciel bleu, on peut les abandonner, on peut les délaisser au fond de la claire forêt des lumières, on peut cela. Ils savent retrouver le chemin. Ils ne nous en veulent pas. Oui, mais quand il pleut ? Hélène, elle, passe des heures à contempler les orages. Les éclairs simplifient son visage. Le rire et l'épouvante s'y laissent voir, à ciel nu. Ou bien, elle s'écarte brusquement de la fenêtre et gagne la pièce la plus sombre. Elle fouille dans les livres, ne retient que ceux de peinture. Délicatement elle tourne les pages. Elle reconnaît les anges, commente avec clarté : celui-là, il fait la tête. On a dû le gronder, sûrement.

Toujours cette fatigue des dimanches, que le sommeil accuse, que la pluie ou la neige embaume. Dieu se repose. Dieu n'y est pas, pour personne. Que faire de chaque jour ? Je ne sais pas. Je ne l'ai jamais su. Même dans un travail, même là, je ne sais comment venir à bout de cette éternité du jour, comment combler ce gouffre. Comment traverser ce désert.

L'idée de travail, pour Hélène, est celle d'une absence prolongée, déraisonnable : cette maison vide dont, pour elle, nous laissons la porte ouverte. Elle entre et repart aussitôt. Un jour, je lui raconte une histoire. C'est un oiseau, assez jeune, caissier dans une banque. Après la fermeture, il fait les comptes, additionne, soustrait, divise, multiplie. Vérifie. Un soir, il trouve un centime de plus qu'il ne faudrait. Il refait ses comptes, trois fois. Toujours ce centime en trop. Il ne dit rien, le glisse dans sa poche, prend son chapeau et s'en va chez lui. Le lendemain, même chose. Comptes faits et refaits : encore un centime en trop. Le surlendemain, même aventure. Il range l'argent dans une tasse, blanche avec des violettes peintes, dans un buffet. Douzième soir, douze centimes. Et toujours aucune trace d'erreur, nulle part. Quand même, quand même. Une année passe, puis une autre. Le trésor grandit. Il ne le dépense pas, s'achète les mêmes graines de moyenne qualité, chez le même fournisseur, va dans la même forêt pendant ses congés, sur le même arbre, toujours. Trente ans comme ça. Un soir, il décide de faire le point. Il ouvre le buffet. Il sort trois mille tasses blanches avec des violettes peintes, remplies de pièces à ras bord. Il les compte. Les recompte. Il regarde ses plumes grises et noires. Il compte, une troisième fois. Maintenant il pleure.

*

Le ciel est gris. Les dernières lumières du jour se réfugient dans la maison. Elles sont déjà mangées par la nuit, par la peste. Je n'allume pas de lampe. Je ne fais rien contre l'ennui, contre la mort imaginée. Je pense à ces femmes que l'on peut rencontrer partout, dans les bus, dans les magasins, à la sortie des écoles. Noire brûlure des cheveux accentuant la pâleur du visage. Les enfants, quand il y en a, grandissent, inexorablement. Ils répètent sous leurs yeux le mouvement du départ. Elles. Leur âme plantée au milieu des décombres, des gravats. Vibrante, infiniment. Elles sont penchées. Elles fouillent, à mains nues. Elles cherchent quelque chose. Il n'y avait en elles qu'un seul élan, et elles l'ont délivré, une fois pour toutes. C'est ainsi. C'est comme ça. Une fois pour toutes. L'amour a échoué. Alors, elles s'en tiennent là : à cet échec. Qu'au moins il me reste ça. Au moins. Prières. Sourdes prières qui tombent dans les fossés, sur les pierres.

Matinée avec Haydn. Symphonie numéro 94. Les ailes cassantes de la musique. Dieu plus léger que l'air. Hélène. Elle étale une petite nappe de coton, bleu lavande, sur le sol. C'est la mer, c'est pour se noyer. Gravité des rires. Tout devient dans l'apparence, tout arrive. Tout peut se renverser : d'un oiseau mort sur le bas-côté d'une route, caillou de plume et de sang, elle me demande quand il va guérir.

Un soir vous m'appelez. C'est la première fois. Vos paroles sont imprécises, sans effet. J'écoute votre voix. Aujourd'hui encore je l'écoute. Elle conjure l'idée d'une fin, l'idée du bonheur. La lente décomposition par l'idée du bonheur. Dans le silence, votre voix.

Une heure ou deux dans un café. Il y a des fumées, des musiques, des opinions. Des histoires qui n'arrivent pas. La roue du langage, elle est tordue, elle grince horriblement, sur la même route sans arbres, sans ombres. On arrive toujours au même carrefour. J'attends la fin légitime de la soirée. Revenir à la couleur de l'encre. Retrouver la voix criblée d'azur de Saint-John Perse et cette ferveur de l'oisiveté, cette application à parler de vous sans vous savoir : « Allez plus doucement, ô pas des heures sur mon toit, comme pieds nus de femmes sur le pont. »

Pas le moindre souffle de vent. Juste la voix d'Hélène, à côté. Juste cette fraîcheur enveloppée dans la voix d'une enfant. Elle n'est pas revenue depuis votre départ. Vous comprenez. Elle n'est pas revenue.

II

L'ennui léger d'une petite fille dans deux mille ans d'histoire

Journée sans rien. Juste une clarté exténuée dans le ciel, comme au-delà de plusieurs épaisseurs de lumière. Des images par milliers, abondantes, le gaspillage d'un été. Ces pages s'entassent sur la table de marbre du jardin. Un vent enfantin les disperse dans l'herbe, contre la haie.

C'est sans importance, vous savez bien. J'écris pour extraire de ce tourment la substance noire, radieuse, qu'il contient en son centre, pour vous chasser de moi, pour lancer contre vous les chiens des mots. Et c'est sans importance. Ces lettres ne sont d'aucun secours. La joie mauvaise de l'écriture, la destruction du cœur malade, corrompu par le mensonge d'une mémoire. Tout écrire, tout détruire et d'abord vous, l'illusion de vous, pour enfin vous découvrir, vous, la pierre lavée par le déluge, le nom blanchi par les injures. Ce qui reste dans l'espace calciné du regard : l'innocence de vos traits, inentamée par la fatigue ou par l'erreur d'un sentiment.

Fin d'après-midi. L'air chaud qui entre par la fenêtre m'enlève des forces. Où êtes-vous ? Il y a eu, vers six heures du soir, une brève insurrection, un trouble dans le bleu du ciel. J'aurais aimé vous montrer ces choses qui ne viennent qu'une fois et retombent aussitôt en poussière, sur le fond des pensées.

Un jour, il se passe quelque chose. Hélène rentre à l'école. C'est la première fois. Il m'arrive de l'accompagner. Elle me tient la main. Dehors, il y a trois marronniers. Dedans, des tables, des dessins, d'autres bruits. Je la vois s'avancer, seule, au milieu de la cour. La couleur de ses yeux est changeante, docile. Son visage suit le mouvement des nuages. L'inertie n'est qu'apparente. Une tension constante rassemble toutes les forces du corps, comme dans l'attente d'une lutte. Mais cela est déjà trop dire : la petite fille en robe grise, son goûter à la main. Elle est perdue, elle est souveraine.

Sous un arbre voûté. Poser la bouteille d'encre bleu nuit dans une touffe d'herbes sèches, doucement pour ne pas la renverser. Attendre dès lors le passage de Dieu ou d'un insecte ou de rien.

Écoutez. Je vais vous raconter une histoire. C'est l'histoire d'Artaud, il est fou, il est à Rodez, il écrit des lettres, plein de lettres, on les publie après, parce qu'on ne sait pas où est la sagesse, l'œuvre, et où la folie, l'œuvre comme impossible, on ne sait jamais cela, jamais. Donc il écrit, une langue claire, forte, rouge. Les mots sont expulsés du centre de lui, par la force du mouvement qui le mine, des mots-toupies, des courants de langage brûlants et glacés, les eaux vertes de l'âme, les bras morts du langage. Et par endroits, des plages de lumière fine, les ongles frais des anges sous la soie des lumières, le sable pur des mots sans âge, sans plus d'auteur ni de lecteur : « La pensée avec laquelle les écrivains agissent n'agit pas seulement par les mots écrits mais occultement avant et après l'écrit parce que cette pensée est une force qui est dans l'air et dans l'espace en tous temps. » L'histoire, c'est ça, celle de ces mots, le nom d'Artaud, c'est le nom d'une racine, d'un nerf, d'un lever de soleil. La main qui écrit est coupée, terreuse, avec des lambeaux de ciel. Elle écrit l'histoire d'un fou, février 1944, hôpital psychiatrique, Rodez, et ce livre dans mes mains, aujourd'hui.

Un vent parfumé dans le soir : la vie immédiate. Il est tard. Sans doute veillez-vous encore, auprès de ce corps assoupi dont le sommeil vous renie. De cette présence à vos côtés, je n'imagine rien. Je la vois comme une idée. Brutale et anonyme comme une idée. L'idée de votre mort. Par exemple l'idée de votre mort.

Déjeuner avec Hélène sur l'herbe d'un pré rond, très près du ciel. Le lieu-dit : « La Serretenue ». Elle se tait. Je regarde un arbre d'un vert multiple, soumis aux ondées de l'air et de l'espace. Ancien déjà, il va mendier la lumière tout en haut, gêné par d'autres feuillages trop proches, il va, quand même. Il décourage toute intelligence du monde. Il faudrait apprendre une telle langue, la sienne, on ne sait pas. Hélène, dans ce silence.

Aucune femme ne vous ressemble. Seules, ces ombres passées dans les pages des livres anciens, dans la toile d'un grand maître ou dans l'aventure d'une pluie, dans le jour qui va et dans cette incapacité lumineuse de l'écriture devant Dieu, devant vous. Votre visage est unique : je peux le voir partout.

*

Mettre un disque pour organiser l'absence. Glenn Gould joue des sonates de Haydn. Le disque est rayé au début de la sonate numéro 62.

Dans le mouvement lent, il se produit quelque chose, un ratage. L'interprète oublie brusquement la musique, toute cette masse de musique depuis le premier soir du monde. Il joue à deux notes du silence. Il invente une émotion pure, effrayante, qui n'aurait avant cet instant emprunté aucun corps, sauf peut-être celui d'un simple d'esprit ou d'un fou. La musique tombe de plus en plus sûrement, elle va vers le bas, elle tend le jour comme un fil à plomb. L'âme glisse au fond du corps, à la verticale. Elle se volatilise durant la chute. Avec la fin du mouvement, tout est désert. Il n'y a plus rien, pas même la musique qui continue encore. Quoi dire. Quoi en dire. Les mots n'ont plus cours à ce niveau du langage, c'est le niveau de la mer, le repère absolu. Les pensées viennent au début, la mémoire, le faible ressac des mots. Puis on ne pense à rien. On ne pense plus rien. Cette musique, elle fait la nuit autour d'elle, elle invente une fiction, juste le début, avant l'inévitable déception d'une histoire, d'une fatalité, puis elle recommence plus loin, toujours autre chose, le début d'un autre récit, la suite de la partition fait défaut, c'est trop tard, on n'y voit plus assez clair pour chanter, pour écrire, le compositeur est atteint d'un cancer ou d'un succès, il renonce, verrouille le piano, il s'en va, rien n'est préférable au silence. Il y a, voyez-vous, cette supériorité insigne de la musique sur les livres : c'est que la musique rend bête, incomparablement. Elle enlève l'âme de la bouche. Elle se produit dans un temps blanchi, dévasté. Elle danse sur notre disparition, elle donne ses fêtes pour le jour où nous n'y sommes plus.

La lumière dans le jardin tombe d'un ciel étroit, serré. Je vais dans la grande pièce. Je regarde la rue qui se vide, l'invention des familles. J'entends ces notes qui résonnent là où je suis arrivé, sans le secours de rien, d'aucune musique, d'aucune pensée, simplement par la grâce d'un amour périssable.

*

Un jeu : la main glisse le long de la bibliothèque. Elle sort un livre, au hasard. Elle l'ouvre à n'importe quelle page. Lecture sans désir. Il ne faut sauter aucune ligne. Avec patience, aller vers la fin du livre, vers le début d'un autre. Ainsi de suite, jusqu'à ne plus avoir d'autre visage que celui, quelconque, de la solitude, celle de tout le monde. Le jeu dure deux jours entiers, il ne prend fin que dans la nuit du dimanche au lundi.

Et dans la solitude, dieu s'avance, et le diable. Ils passent par la même porte. Images, nombreuses images. Inutile de choisir. Elles viennent trop vite. Celle-ci : le visage d'Hélène dans la tourmente d'un chagrin, le malheur inconsolable. La solitude d'un enfant, si on voulait voir, on aurait peur. Ou bien encore : le silence où de simples mots, parfois, vous enferment. Un rien vous blesse et je vous hais, dans ces instants, pour le mal que je vous inflige. Comment vous rejoindre quand tout vous persuade du sacre de l'échec, du désespoir éblouissant ? Ces paroles, elles m'échappent, elles vous tuent. Vous ne pouvez pas plus vous y soustraire que les arbres à la clarté d'automne qui les saisit et les informe du rejet de leur recours en grâce. C'est proprement insupportable, vous comprenez, votre faiblesse, votre folie d'être ainsi exposée, toujours, à la merci d'un geste, d'une impatience, insupportable. Je vous le dis, vous souriez et depuis présentez un visage égal, maîtrisé. Et c'est pire.

La peur, le froid, personne ne sait. Le désarroi sans cause. La machine des sentiments, elle est rudimentaire, elle est bruyante. La fabrique du désespoir. Les mêmes émotions reviennent depuis l'enfance. Il n'y en a guère plus de cinq, moins peut-être. La courroie des mots, elle saute. À vide. Les dégâts sont à chaque fois considérables : ces lettres, empêchées. Le bruit du papier déchiré est doux à entendre. L'amertume m'instruit de votre existence, incline les pensées vers la plus sûre douceur, celle de votre disparition définitive.

Plus tard. Les étoiles dans le ciel dénouent une fraîcheur. Le mouvement de la terre, c'est le mouvement du sang et des phrases : le langage est rond, il tourne autour de quel astre mort ? Je reprends ces lettres. Je les ferai coudre avec un fil noir, afin que ce qui vous était destiné vous ignore, devenant cette chose frivole, nulle, sans poids aucun sur votre vie : littérature. La consommation entière de votre absence.

Des pages d'écriture, des années d'oubli jusqu'à la floraison meurtrière, imprévisible, d'un autre amour.

Ce qui vient dans ces lettres, c'est au présent que cela vient, dans ce temps où nous ne vivons pas, dans ce temps où nous mourons de ne pas vivre. Écoutez. Encore un peu, écoutez : Autun, cette ville proche et ses habitants de l'époque romane, cette cathédrale improvisée durant la nuit des siècles, bâclée, parfaite. Vous y emmenez Hélène. Le murmure des cierges. Les dalles glacées. Elle s'y allonge sans prévenir. Vous restez là, longtemps. C'est comme partout. Dieu, vous n'y pensez pas, c'est un mot de plein vent, déchiré, on voit le vide à travers. Ou bien ça : un après-midi dans la vie, comme les autres, unique. Je lis des histoires à Hélène. Ici, les mots. Ils sont d'une seule pièce, sans ombres. Là, les images. Elles sont fuyantes, pleines de ténèbres. Entre les deux, le fil cassant de la lecture. Ce que touche le doigt, indifféremment posé sur le texte ou sur le dessin. On lit avec la main, comme à tâtons, on est dans la nuit du récit, dans le noir des orages, des désirs, des punitions, on avance main tendue pour prévenir l'obstacle, on lit. Livres d'enfants. Ils sont comme les autres, leur vitesse est plus grande, c'est la seule différence, le court-circuit des pensées. Ensuite. Une feuille blanche, un verre d'eau, des peintures. Les couleurs sont des propositions, les lignes sont des verbes, la lumière prend toute la feuille. Ensuite encore, les chansons ou les promenades ou bien les fleurs du jardin, avec des feuilles construire des maisons, elles tombent toutes avant l'hiver, avant le repas. Chansons encore. Le pont de Nantes. Sur le pont de Nantes, un bal y est donné, la belle Hélène voudrait bien y aller mais non, c'est interdit, son frère l'emmène dans un bateau doré, cela finit mal, la mère hausse les épaules, voilà le sort des enfants obstinés, que veut dire « obstinés » ? Un après-midi dans la vie, comme les autres, effacé.

L'attente. L'attente sans mesure, sans origine. Hélène marche devant moi. Le royaume où l'enfant et l'adulte vont du même pas : il est ouvert, abondant. La terre irradiée du silence. Les rues sont longues, elles portent des noms de gens. Hélène s'attarde devant un magasin, devant des éclats de verre teinté, devant tout et rien. Je la laisse aller, inventer le temps et l'allure qui sont les siens. Immobile, le corps. Vide, le regard : empli de tout. Un jour nous entrons dans un musée. Elle court d'une pièce à l'autre. Des statues, des tableaux, des choses. Elle regarde, elle sourit. Sans préférence, elle va, joue à la marelle sur le parquet ciré.

L'ennui léger d'une petite fille dans deux mille ans d'histoire.

Le premier appel, c'est un dimanche. Vous avez quelque chose à me dire, mais vous ne savez quoi. Votre voix, j'en suis aussitôt dépendant, comme d'un baume, d'un charme, de la ronde des anges autour d'un astre nouveau-né. La parole amoureuse : elle ne demande ni n'exprime rien. Elle n'est porteuse d'aucun sens, d'aucun chiffre du ciel ni de la terre. Elle donne seulement à entendre ce que parler veut taire : l'infini déchirement de la voix, l'infinie lenteur du cri qui s'élève, en contrepoint de la vitesse acquise des mots, en retrait. Notre conversation se prolonge. Je ne sais plus qui, de vous ou de moi, décide de l'interrompre provisoirement. Puis, plusieurs semaines, aucune nouvelle. Travail, paroles, rencontres : tout se poursuit sans maladresse, avec froideur. Tout se passe comme si notre vie suivait d'autant plus sûrement son cours que nous en étions absents. Durant tous ces jours, une pensée, éclose au plus sombre de la mémoire. Elle est là. On sait qu'elle est là, proche, à portée de mot, mais on la cherche en vain, on ne la trouve pas et ce sont d'autres pensées qui viennent et s'imposent, celle d'un voyage ou d'un chagrin, d'autres encore, jamais celle désirée, jamais celle vous concernant. J'écris dans un carnet bleu-noir. Les mots peuvent aider, pour peu qu'ils conduisent jusqu'au moment de leur insuffisance éternelle. Je nomme « bonheur » cette absence de repos, « calme », cette sollicitation ininterrompue des pensées. Je vous écris l'évidence : que chaque soir je vais m'endormir dans le lit que me fait votre voix.

*

Une légère douleur à la tempe gauche. Sans doute suis-je resté trop longtemps au soleil. Ma vie de tous ces jours ne vous dirait rien. Je me couche à deux heures du matin. Il m'arrive d'oublier de manger. Dans les jours qui suivent votre départ, je ne fais rien d'autre que marcher, sans arrêt marcher et manger. C'est là une chose étrange : cette façon de manger, sans appétit, sans faim. Sept jours ainsi. Sept fois un jour. Au retour, je pense ne rien faire, ou bien partir, ou bien, pourquoi pas, écrire un livre. Un roman, avec des complications, des noms. Un fatras de choses et de noms. Puis je perds de vue la nécessité de ce mensonge, l'écriture d'un livre, une histoire. Quelque chose arrive, quelque chose amenant avec soi une lettre, puis d'autres. Un peu de lumière renversée sur un peu de feuilles. Écrire, toucher du doigt la voûte céleste du silence, le ciel bas du langage, écrire. La conscience de ces choses est obscure. On dirait que les mots dépérissent, qu'ils manquent d'un signe d'air ou de feu, et voilà, on est déjà sur l'autre rive, sauvé. En proie sans réserve à l'épiphanie du regard. Dans le passage, votre visage aurait perdu de sa précision. Ce serait la seule perte, nécessaire. Le visage que vous fait la proximité d'un mensonge : l'ombre le recouvre, l'aile d'un oiseau nocturne qui a pris son envol vers vous. Le mal innocent que vous vous apprêtez à faire et la tristesse que par avance vous en concevez : la vie, la mort, vous les donnez ainsi, généreusement, c'est comme une grâce indépendante de vous, princière, vous ne faites obstacle à rien, comment vous en vouloir ?

Dans cette adoration du regard, l'encre des lettres accuse, par endroits, un défaut. Vous savez, la voix de Maurice Scève, dans le printemps de 1543, elle s'en va en amont, parfois elle s'enlise et l'ombre la boit : « Voy ce papier de tous costez noircy du mortel deuil de mes justes querelles. » Et puis elle se reprend, plus loin. Le ciel est de retour. Le livre d'heures des lumières dans le ciel.

La traversée du langage à rebours. Écarter ces mots qui compromettent une issue en la désignant de trop loin : épreuve, ascèse. Pour l'heure, le mot d'aventure, seul, me convient, pour ce qu'il présuppose en lui d'échec et d'une irrépressible nostalgie pour un pays natal dont chaque phrase m'éloigne un peu plus.

Un second volume des lettres d'Artaud, l'âme naïve lancée dans le feu, pulvérisée. Ces certitudes convulsives, cette faim animale de pureté avec, parfois, le ressouvenir d'une pauvre gloire littéraire : et brusquement il s'inquiète de ses livres, demande s'ils se vendent, demande qu'on lui envoie des exemplaires pour montrer autour de lui, à l'hôpital. Cette méfiance, toujours alertée, pour ceux qui mettent quelque chose entre eux et leur instinct : un savoir, une prudence, un nom. Ce dégoût pour ceux qui accordent plus de poids au monde qu'à la destinée unique de leur âme, qui ignorent cette lutte entre les deux foudres inconciliables de l'âme et du monde, parce qu'ils se rangent, avant même de l'entamer, dans le camp adverse, celui qui se nourrit de leur propre destruction. Je regarde ces éclairs qui tombent sur la terre trempée des os, dans l'intolérance du ciel nerveux. Ces mots qu'il lui faut chercher là où le siècle les a mis, sous la terre, plus profond que les morts. Ces mots en décomposition, ces imprécations, ces morceaux d'un langage fossile. Dans les soubassements du corps, dans les sphères magnétiques de l'âme, c'est le même air sec, rare. Entendre cette voix, mais ce n'est pas possible, ce serait rompre un à un les engagements contractés à notre insu depuis notre naissance, et s'enfoncer pour soi dans un amour unique, absolu, à quoi bientôt ne correspondrait plus aucun repère, pas même ces lettres d'un plus que fou.

Aujourd'hui, la dernière page du livre. Artaud s'éloigne, laissant dans les yeux quelques traits de lumière intempestive. Une parole, prononcée entre deux suffocations, avec une crainte semblable à celle qui enveloppe le souffle à la venue d'un oiseau, sur une branche du sang. Puis, rien. À la découverte d'un grand livre, succède un temps de deuil.

Quelque chose de l'automne entre dans l'âme, avec la lumière. Le goût d'une vie claire et chantante, avec du lierre autour des fenêtres et la bonté dans les plis des vêtements.

Il m'arrive aussi de ne plus pouvoir vous écrire : plus de langue. Elle aurait roulé au fond d'une nuit sans fond.

Le temps me dure.

Ceux, dit saint Augustin, qui « tournant, s'enveloppent eux-mêmes dans les ombres de leurs propres ténèbres ».

Ainsi tournent ces pages.

Et les jours.

III

Alors elle se hâte, immobile

Hélène saute à cloche-pied sur le trottoir. Elle suit un chemin visible d'elle seule, dont quelques fragments coïncident avec les traits de peinture blanche devant les garages, autour des chantiers. Elle marche sur un fil immatériel, il ne faut pas se tromper : à côté, c'est l'abîme, un contre-ciel, interdit. Elle cueille une fleur dans un fossé. Ancolie, c'est le nom. Ancolie.

Errances au long desquelles nous échangeons le poids du monde contre le gain d'une vie immédiate, ignorante d'elle-même : lumineuse.

Ces journées sont au cœur noir de l'écriture. Elles dérivent du même silence. Elles sont inoubliables, quand bien même personne ne songerait à les consigner, quelque part. Quand, bien plus tard, je veux écrire la splendeur de ces jours quelconques, le long de ces rues grises, auprès de l'enfant parfois taciturne, parfois intarissable, il me faut venir à bout d'une impatience : attendre. Les premiers mots trahissent. Ce qui manque, c'est la perte. L'éclair longtemps médité. Cela porte un nom : le style. C'est comme l'amour, c'est pareil. L'ange de la vie. On l'attrape au passage, par un cheveu. On le retient en lui mettant sur la langue une flamme droite, rouge, précise. Simple. Je raye, je déchire. J'abandonne, provisoirement.

Il faut que tout soit comme cela est : parfait.

Le ciel glisse sur des étendues de silence. Envie de neige, de bois de bouleaux et de sommeil dans une langue étrangère. La vie impensée, dans les limbes. Promenades des familles dans le parc de la verrerie, près du bureau. La lumière grise des grillages, les animaux étourdis de somnolence. Le grincement irrégulier des balançoires. Verte la pelouse, lointain le ciel. L'usine, au-delà. Hélène, un jour, surprise par le bruit du travail, sourd, indifférent, qui pile l'espace, froisse les voilages de l'air.

La maigre nourriture de l'imaginaire. Le temps mort des lectures, dans le fond du jardin, près du rosier sauvage : lorsque Rembrandt peint la Bible, celle-ci est lourde, large, ses feuilles sont gaufrées, trempées dans l'argent des rivières, dans le vieil or des fougères. On voit alors ce que c'est que la lecture, et que le lecteur n'est pour rien dans l'aventure de son propre effacement, que c'est le livre qui pense, qui rêve, qui médite. Je crois parcourir des pages, traverser des parenthèses, franchir des notes, quand ce sont ces pages, ces parenthèses et ces notes qui me déchiffrent, qui me feuillettent. Je crois vous voir quand je ne vois que mon propre visage, mangé par l'absence mortuaire.

Des gens viennent nous voir, dans cette maison. Ils nous parlent, ignorent l'enfant qui chante dans le jardin. Leur mépris du quotidien, il est violent, ils n'en ont pas connaissance. Il me surprend toujours. S'ils voient l'enfance, c'est comme une infirmité passagère, non dénuée de ces grâces qui parfois nimbent une tare physique, un défaut de l'esprit et suscitent une seconde l'attendrissement. Aujourd'hui je les rencontre. Toujours cette difficulté à refuser les invitations. Trajets en voiture, sur de courtes distances. L'espace du dehors et celui du dedans vont à la même allure. À l'arrivée, on parle, c'est une façon de ne rien dire.

Il y a cette pensée naïve que l'on ne peut retenir, la pensée d'un secret. Comme une nuit où toujours revenir. Le secret est banal, illimité : on a une photo, dans une enveloppe, sur soi. On ne la regarde jamais.

Cet ennui du monde. Ce faible sourire. La connaissance des distances est une connaissance austère, jamais close.

Huit heures du soir, la traversée du jour dans le mauvais sens. Je prépare le repas, cela peut prendre une heure, j'oublie le pain, ou autre chose. Il y a un broc d'eau glacée, des viandes minces et des fruits bien trop rouges. Manger, rêver, lire et dormir dans la solitude, dans l'opulence de l'oubli. Une question demeure ouverte. Il n'y sera pas encore répondu aujourd'hui. Elle est insoluble. Écrire, c'est la déplacer, la repousser sans arrêt dans la marge.

*

Hélène a deux prénoms cachés dessous le premier. Hélène, Ariane, Laure. Elle s'étonne de ces noms qui ne servent à rien, pas même à l'appeler. Après la lecture d'un conte, elle me demande une autre histoire pour Ariane et Laure. C'est un écureuil, il s'appelle Mozart. Il a un pelage roux et ses yeux sont de toutes les couleurs, ils adoptent la teinte des saisons, ils changent tout le temps, et puis un jour, ils ne changent plus. Ils ne retiennent plus qu'une seule couleur, bleue, d'un bleu très profond, comme il ne s'en trouve nulle part dans le pays, ni au fond des étangs, ni au-delà des nuages, nulle part. Qu'est-ce que c'est que cette histoire ? Qu'est-ce qui se passe ? Mozart est ennuyé : ce bleu, partout, même quand il ferme les yeux, cela lui cause du souci. Il n'en parle pas, commence à faire n'importe quoi, se cogne aux arbres, marche sur les eaux, confond tout. Le jour est bleu, comme la nuit, comme tout. Mozart perd la tête, cela finit par se savoir, tu fais peur aux enfants avec tes yeux si bleus, se plaignent les écureuils, et les noisettes ne t'intéressent plus, alors quoi ? Mozart ne répond pas. Pendant la nuit, en silence, il fait ses bagages : une tablette de chocolat, quelques raisins secs, une carte de France et aussi des lunettes noires. Il marche. Des années entières, il marche. Quand il lui faut de l'argent, il s'arrête dans une ville, se fait engager comme pianiste dans un bar. Il joue, mal, une musique infirme, aphone, du jazz, un peu. Les mains qui courent sur les touches noires et blanches sont comme coupées, la musique qui vient n'a aucune importance, tout se décide ailleurs, plus loin, il s'agit seulement de s'occuper en attendant la résolution d'une énigme et cela tombe bien, il y a un piano, dans la pièce, dans la ville, au milieu du désert, alors on fait comme si l'on jouait, comme si l'on savait en jouer. Deux soirées, quatre sous et on repart, tout droit, toujours tout droit, toujours cette manie de l'éternité, cette maladie de la vie éternelle qui passe, s'y livrer tout entier, demain on verra bien. Au bout, c'est la mer. On ne peut pas aller plus loin. Il s'assied. Il compte les vagues une par une. Au-dehors et au-dedans, c'est la même lumière, bleue. Maintenant on ne voit plus très bien, on est loin de Mozart, à plus d'une centaine de mètres, sur la dune. Une petite silhouette, fixe, tout au bord de l'eau. D'où l'on est, on ne peut voir s'il dort, s'il rêve ou s'il meurt.

*

Les herbes du chemin. L'odeur du chèvrefeuille, et le ciel comme clôture. Le jour s'y lève, venu d'un lointain qui n'est pas dans l'espace ni dans le temps, qui est dans l'âme, le lointain de l'aube, l'aurore fabuleuse. Ce n'est pas seulement à moi que vous manquez, mais à tout ce que je puis voir.

Rester sur un banc de pierre. En face, c'est l'hôpital. On dirait une ville, ancienne, avec des fortifications. Défaillance des couleurs dans le ciel. Regarder sans s'émouvoir la clarté qui déserte. Entendre la musique des villes. Le silence aussi. Il existe un point dans l'ennui où l'on ne s'ennuie plus. Le regard est vacant, libéré. Il ne choisit plus. On voit, enfin. On voit les choses, celles que la pourpre des mots obscurcit, étouffe. On voit, tout. Les pierres au bord des chemins. Les feuilles sur les arbres. Tous ces gens dans les rues, sur les routes. On pourrait aimer le premier venu, c'est étrange, n'importe qui. La passion, elle est toujours là, errante, et le silence qu'elle fait en une seconde. Il suffirait de rien, d'un rien. Les visages, on les voit comme des peintures. La plupart sont inachevées. Tout reste en l'état, en suspens. Avant l'amour, il n'y a rien. Après l'amour, il y a tout. On est là, juste dans le passage. Cela peut durer. Cela n'a pas de nom. Cela pourrait indifféremment porter le nom d'une sagesse, d'une démence ou d'un effondrement de l'âme.

Ainsi, plusieurs heures. La vie passe et je la regarde passer comme on regarde celle que l'on aime. Je ne prends pas de notes, jamais. Tout est recensé dans les livres écrits par les morts, et je retrouve l'image prise par le poète Georg Trakl sur cette lumière parmi toutes les autres de ma vie sans événements : « Parfait est le silence de ce jour d'or. »

Ce ravissement d'une fin du monde, que l'enfant me donne, avec abondance. Souvenez-vous. La fête des écoles. C'est au mois de juin. Je suis assis sur un petit banc de bois peint, vert. Il y a les enfants, leurs mères. On pêche des jouets enveloppés dans du papier journal, dans un bac à sable. On lance des balles de chiffon sur des pyramides de boîtes de conserve. Je laisse Hélène aller et venir. Elle gagne des choses, une fortune, un collier de plastique, un miroir. Dans le ciel, des à-coups de lumière. La plus pauvre lumière, celle qui traverse les rideaux des cuisines, celle qui fait fleurir les roses et les lèvres de saints, la même. Sur la terre, une poussière grise, dansante. La promesse d'un orage pour plus tard, bien plus tard. Trois heures passent, que je ne vois pas, que je ne sais pas. Dans la cour, plus qu'une poignée d'enfants. Les stands sont fermés. J'appelle Hélène. Nous revenons lentement à la maison. Peu de paroles. Un cercle d'air et de songes qui ne nous quitte pas, qui nous entoure sans nous séparer de rien.

Je déplace des objets. J'ajoute, au-dessus de la bibliothèque, une gravure de Botticelli : « L'Annonciation. » Un fragment, un arbre enraciné dans une fièvre. Un vent levé de terre surprend le feuillage, remonte au ciel comme à sa source. L'ange qui délivre la nouvelle vient de poser le pied sur le sol. On le devine à ce léger trouble de l'air. Une musique, « les Variations Goldberg ». Je sors, je m'avance dans le jardin. Trop loin pour entendre quoi que ce soit. Bach joue pour rien, pour personne dans la maison vide. Je sais précisément quel mouvement est joué en cet instant. J'allume une cigarette. Je pense que je vais mourir seul et je sais que cette pensée est nulle, comme la pensée contraire.

Le ciel comme un cadeau, au bord de la fenêtre. Les couleurs sont inédites. Dans une rue, des chansons. Les paroles sont simples, sans retouche. La musique est élémentaire, un morceau d'écorce, une eau de fontaine, une pierre. La chanteuse, c'est Édith Piaf. La voix est insouciante, elle va droit à l'essentiel, vers ce qui manque. Elle creuse certains mots jusqu'au bleu pur. Le don. Heureuse, heureuse à en mourir, chante la voix. Il me dit des mots d'amour, des mots de tous les jours, et ça me fait quelque chose. Entre la chanson et moi, il y a eu une guerre, puis le village naïf de l'enfance, les années simples, une fête à la campagne, le corps plus fin que le sable entre les doigts, puis la fin des récréations, le diable sorti de la boîte à sel, il radote, il raisonne : c'est comme ça, pour tout le monde la même heure, le désœuvrement du travail, huit heures pour rien, chaque jour, et les notes en marge, pourrait mieux faire, pourrait mieux vivre, puis l'oiseau des lumières, votre venue et celle d'Hélène en ce jardin, et la suite, l'abandon, l'absence, ce qui me fait écrire comme on peint, lèvres cousues, ce dont j'ignore tout et maintenant cette voix : elle est là, exacte au rendez-vous. Je l'écoute, il n'y a plus le moindre écart, heureux, heureux à en mourir. Cette voix, on dirait qu'elle est pressée, qu'elle va plus vite que ce qu'elle chante.

Elle est en retard et elle attend depuis toujours.

Les deux choses n'en feraient qu'une.

Alors elle se hâte, immobile.

*

Déjeuner en famille. On mange dans les belles assiettes, on boit les vins avec des noms comme des souvenirs, on prend le temps pour le repas, les paroles viennent sans effort et les lumières roulent dans le ciel, derrière les vitres. Les enfants quittent la table avant le dessert, ils ne supportent pas le bruit que font les idées. Le mélange des âges : ceux qui font leurs premiers pas et ceux qui regardent venir le crépuscule, et la fraîcheur sur les bras, qui fait bleuir les veines.

L'âge que l'on a : trente-cinq ans. En arrière, c'est le ruisseau, la peur, la lumière dans le couloir. En avant, c'est l'étoile, la pauvreté tant et tant méditée. La terre promise du silence. Maintenant, c'est l'éternité, blanche, fontaine, aurore, tout et rien. Confuse, on dirait de la fatigue. Abuser de café, de tabac, de lectures. Imaginer le corps comme un sablier. L'heure, on ne la connaît pas, le dernier faux mouvement qui renverse tout. La maladie est familière. Elle loge dans le centre nerveux de l'âme et se confond avec lui. Insuffisance de l'amour et de tout. Les lèvres minces et froides de Rimbaud. L'ordonnance délivrée : « Sommeil dans un nid de flammes. »

Vivre, une affaire machinale, un trafic.

L'amour comme drogue, comme suicide, comme don, comme flamme.

Le visage d'Hélène, au bord du sommeil. La claire mélancolie d'un regard ouvert sur on ne sait quoi.

Dans ses bras, une poupée de mots, désarticulée.

LE HUITIÈME JOUR
DE LA SEMAINE

I

Ma vie est semblable à l'enfant tumultueux de retour à la maison, gagné par l'ardeur d'un jeu au-dehors : elle me quitte très souvent, elle me revient de loin en loin, encombrée par une émotion que les premiers mots apaisent. Je n'écris que très peu, et ce peu est encore trop, en regard des quelques instants qui éclairent le chemin où je vais : il y a très peu d'événements dans une vie. Parfois, il n'y a que l'événement de son désastre, de son lent engloutissement dans le désastre quotidien. Ainsi perd-on toutes forces, dans l'impur mélange des jours. Qu'est-ce donc que la vie ordinaire, celle où nous sommes sans y être ? C'est une langue sans désir, un temps sans merveille. C'est une chose douce comme un mensonge. Je connais bien cet état. J'en sais — par le cœur — la banalité et la violence. L'âme y est comme une ruche vidée de ses abeilles. L'âme, c'est-à-dire le corps, c'est-à-dire l'aube, c'est-à-dire tous les noms du monde, car tous les noms sont les pétales d'une unique fleur de songe, l'âme donc, s'abstrait, s'évade, s'ennuie. S'étiole. Quelques semaines passent ainsi, trois, quatre tout au plus : l'éternité, celle qui gouverne le sommeil et les pierres. Je ne peux pas écrire durant tout ce temps, pas même des lettres : la vérité me fait défaut. À quoi bon raconter des histoires, si soi-même l'on est devenu semblable à une histoire monotone et sans grâce ? Toujours j'ai connu ces absences, toujours je les connaîtrai. Elles ne m'inquiètent pas. Elles ne m'inquiètent plus. Ces heures-là, je les aime comme on peut aimer un enfant ingrat, réfractaire à nos désirs : d'un amour injustifiable, injustifié. En se dérobant à nos vœux, en échappant à nos appels, il nous enrichit à notre insu. Il nous contraint à développer en nous le pur amour qui nous permettra de l'embrasser sans l'atteindre : un amour qui va à l'infini parce que son terme lui échappe, une attention qui s'accroît infiniment pour être à chaque instant déçue. Oui, j'aime ce temps stérile, peu glorieux. Il me protège d'être quelqu'un, il me met à l'écart, en retrait comme l'enfant qu'on envoie dans sa chambre, privé de dîner. C'est comme un temps de jeûne ou de fiançailles. C'est comme veiller celui qui n'est pas là, et garder intacte la poussière sur son nom. Dans l'impossibilité d'écrire, dans la pénitence d'un temps qui perd ses heures comme un arbre perd ses feuilles, je lis. Je lis énormément, et aucun mot n'est secourable. C'est une chose souvent éprouvée : cet abîme entre un savoir lourd, embaumé dans les livres ou les morales, et l'humeur aérienne de la vie qui va. On peut ainsi être instruit de tout, et passer sa vie dans l'ignorance absolue de la vie. Ce ne sont pas les livres qui sont en cause, mais la parcimonie d'un désir, l'étroitesse d'un rêve. Au fond, si la vérité nous fait parfois défaut, c'est parce que nous avons commencé à lui manquer, en prétendant la régenter et la connaître. Alors il est juste qu'elle nous châtie et nous renvoie dans le noir, congédiés par une peine qui nous rappelle à notre solitude comme à un devoir trop longtemps négligé. Le temps passe, ce temps mort dont je déroule, en en parlant ici, les bandelettes. Personne ne vient chercher l'enfant puni, l'enfant rêveur. Par bonheur, personne ne lève la punition et il peut jouir, longtemps, d'une vue imprenable sur l'éternité, sur la nuit et sur l'âme. Quand au matin il sort, il lave les ténèbres sur son visage avec un peu d'eau de pluie. La vie lui revient, comme un regain de sang sous les tempes. La beauté est là, au-dehors : à l'envers des châtaignes sur les chemins, à l'angle d'une fenêtre, sur le fruit sombre des ronces, sur la poussière des routes et dans le vert des rivières, partout. La beauté, c'est-à-dire la vie. La vie massive et ténue, la vie sans entailles. La vie sans fard. C'est dans cette abondance de l'inconnu que, ce soir, je feuillette un livre d'images, que je contemple des peintures. Disposant un nuage dans le ciel, une orange sur l'assiette, les peintres éclairent ce qu'il reste de jour dans le soir, inventent la juste distance qui permet à l'espace de s'ouvrir, et à l'amour de danser. La leçon de peinture est une leçon de bonté : l'amour se reconnaît ainsi, dans ce goût du détail, dans ce souci de l'infime, dans cet égard pour ce qui nous est confié et que l'avidité d'une prise anéantirait, comme un moineau tenu dans un poing trop serré. C'est à une fête infinie que nous invitent les plus humbles choses — les fruits comme les pierres, les herbes comme les astres — et il nous faut, pour en jouir, apprendre ce toucher immédiat de l'esprit dont les peintres ont le privilège. Cet exercice permanent de la douceur, cette volonté du simple. Dans le soir de sa vie, Matisse peint avec des ciseaux. Il découpe à même le ciel des orages de vin pur et des printemps de soie bleue. Il renoue avec la simple magie des crayons de couleur. Jour après jour, il cueille les heures calmes, comme un enfant compte ses joies une à une avant de s'endormir. Il est âgé, malade. C'est dans les années de souffrance qu'il accueille une étoile, et c'est sous les arcades du grand âge qu'il fleurit une enfance. La nuit s'avance à sa rencontre. Elle a la douceur d'une fille et la fraîcheur d'une source. Il peint. Il peint comme on sourit ou comme on meurt. Il va sur un chemin impraticable et radieux. Il vole deux accords d'une chanson pour célébrer cette joie qui surplombe le plus grand mal, sans pour autant l'atténuer : *vive la rose et le lilas*. Il s'en va, le peintre. Il s'enfonce dans un jardin ouvert aux saisons comme aux voleurs de pommes, et des copeaux de lumière glissent entre ses doigts. Mais le nom de Matisse importe peu : les noms de la beauté sont les noms de personne. Les noms de la beauté sont les noms d'une vrille des nerfs, d'un gouffre du sang, d'un état du monde, et le papier roulé par le vent dans les rues, la transparence d'un fruit ou la moisissure d'un vieil escalier nous instruisent tout autant de la beauté et de l'âme que les éclairs convoqués dans le ciel par les grands peintres. Ceux-ci, au plus simple de leur art, ne font qu'épouser la beauté commune, que la servir et la louer. S'ils lui donnent leur nom, c'est comme on donne son nom à la fille du roi, dans le vain espoir qu'elle ne vous oublie pas tout à fait, le soir de ses noces. C'est comme on jette, sur la douleur de vivre, des milliers de roses et de lilas.

II

Dès les premiers jours, nous savons tout ce qui est à savoir : l'éternité, c'est une odeur, une voix qui chante et s'adoucit jusqu'à ne plus rien dire. La mort, c'est pareil, c'est un parfum, le bruit d'une porte qui claque, un verre qui se brise. L'enfant qui vient de naître dépend de ce qui s'approche, dépend de ce qui s'éloigne, dépend de tout, car tout arrive : une mouche, un ange, un effroi. Mais avant toutes ces choses, première venue, il y a la mère, celle qui gouverne la parole, c'est-à-dire le silence. Sa voix est la voix des rivières, toujours égale, toujours chantante, nuit comme jour. L'eau du langage ruisselle sur les chairs du nouveau-né. La poussière d'astres morts depuis des siècles effleure ses joues. Un silence caresse ses ongles. Emmailloté dans un prénom, il s'endort auprès des anges et de leurs conseillers. Son corps baigne dans l'infini d'une présence sans dommages. Son âme — close et tendre —

est pliée dans le pauvre linge d'une chanson : *il y a longtemps que je t'aime, jamais je ne t'oublierai.* Cette voix des origines, je n'ai jamais cessé de l'entendre, même si, avec le temps, les mots qu'elle enchantait me devenaient obscurs. Elle orientait en secret mes façons d'aimer et de perdre. Écoutant cette chanson qui me fut donnée en même temps que le jour, attendant ce qui ne viendrait pas — car depuis toujours venu —, je me tenais le plus près possible de l'enfant assoupi. Cette voix, parfois, se faisait lointaine. Elle s'étouffait dans le monde, et peut-être n'est-ce que cela, le monde : ce mauvais silence imposé à nos vies. Une telle nuit, exemplaire, je la retrouve dans ce livre lourd qui traîne partout dans mes journées : les *Mémoires* de Saint-Simon. La langue en est âpre, pleine d'échardes et de savants éclairs. Empoisonnée avec douceur. Le livre est redoublé dans son encre, bouclé dans son fiel. Celui qui parle est sans absence. Tout est noté, épinglé. Celui qui parle ne dort jamais. Il parle des siens, il parle du vide épouvantable que font les siens, autour d'eux, en eux, partout. Il parle des nobles, de ceux qui ne sortent et ne mangent et ne meurent qu'au milieu de leurs biens, qu'au milieu de leurs pairs. Ils se pressent à Versailles autour de Louis XIV, le roi des livres d'images, et c'est tout leur métier : être là. Persister dans ce rien du luxe et des glaces. Ils se contemplent dans la lumière inégale des bougies. Les yeux ne sont jamais rassasiés, et le spectacle de la cour est sans relâche. Les agonies sont longues, elles se donnent comme des fêtes. La chambre de souffrance est ouverte comme le reste, on y tient audience. Beaucoup de morts chaque année, et la masse des nobles reste entière, la horde des princes, des comtes, des duchesses, les cols d'hermine et les manches de dentelle avec la crasse en dessous. Ils vont, ils viennent : un tout petit monde, vraiment, et c'est le monde en son entier, comme jamais. De rares ondées. Un qui s'en va, et c'est pour son salut, un qui sort du cercle et se retire en ses terres, dans le froid d'un cloître ou d'une pensée. Mais la quantité reste la même, la masse brute des gens, des opinions et des forces. C'est très loin de nous, le dix-huitième commençant, et c'est le monde tel qu'il est. Son éclat est bien plus considérable que celui du rêve ou de l'amour. Son éclat est incomparable. Il y a une pureté du mal, une lumière du noir. Que manque-t-il dans ce livre, que manque-t-il dans le monde ? On ne s'en aperçoit que peu à peu : il manque les enfants, les bêtes, les arbres et les rivières. Il n'y a que des adultes entre eux, que des âmes grises. Il manque les pauvres aussi. On se languit d'ennui, jamais de faim. Il manque les mots des pauvres, il manque les quatre sous d'une chanson, il manque la voix trouée d'étoiles dans le monde congédié. Gardienne des heures claires, elle se sera fait entendre sur le seuil de mourir et de naître et, entre la brillance du nouveau-né et la pâleur de l'agonisant, rien ne sera arrivé : un silence entre deux notes de lumière. Un intervalle entre deux saisons. Un battement de paupières. Le temps qu'il fallait à l'ange, penché sur l'enfant engourdi, pour reprendre son souffle et aller d'un bout de la phrase à l'autre : *il y a longtemps que je t'aime, jamais je ne t'oublierai.*

III

Allant sur l'étroit sentier d'une mémoire, l'on découvre parfois, prise dans la brûlure verte des ronces, une lumière égarée. Son aile est rompue. Elle est loin de ses sœurs. Tout ce qui nous arrive nous survit ainsi, en souffrance dans l'espace. En attente. Échappant aux mots comme à l'absence de mots. Aucun livre ne peut nous sauver de notre vie. Aucune parole ne sait recueillir ces éclats qui nous reviennent et nous élancent, empêchant le soir de descendre, la paix de venir. Nous sommes dans le temps, courbés sous la mort. Il n'y a pas d'issue au chemin, puisqu'il n'y a pas de chemin. Il n'y a pas de consolation, puisque tout nous blesse et que rien ne nous fait mourir. Il n'y a que les choses devant nos yeux et la lumière sur ces choses. Il n'y a que ces araignées d'eau que je regarde filer sur la soie d'un étang, fragiles, avançant par saccades comme sous l'accès d'une pensée sans cesse interrompue, sans cesse reprise, inventant la légèreté d'une voie entre les deux éternités massives de l'air et de l'eau. C'est avec des mots aussi grêles que leurs pattes que j'écris, c'est avec leur instinct que je laisse aller la main sur le grain de la page, entre l'encre et le jour. Il me manque leur grâce. Il me manque la finesse de leurs traits et la simplicité de leurs heures. Longtemps je les regarde. Longtemps je laisse s'accomplir en moi ce lent mouvement vers l'inconnu, cette plus haute forme de la connaissance : le rêve, l'adoration du silence. Ce n'est jamais en vain que l'on cède à cette beauté élémentaire qui saisit l'âme dans la spirale d'une étoile, d'un insecte ou de n'importe quelle chose au monde : une telle certitude apaise les heures où je n'écris pas, comme celles où j'écris. Elle éclaire la nuit et sa sœur angélique, la solitude. Le silence est la plus haute forme de la pensée, et c'est en développant en nous cette attention muette au jour, que nous trouverons notre place dans l'absolu qui nous entoure. Il nous appartient — quand tout nous fait défaut et que tout s'éloigne — de donner à notre vie la patience d'une œuvre d'art, la souplesse des roseaux que la main du vent froisse, en hommage à l'hiver. Un peu de silence y suffit. Un peu de cette nourriture immatérielle du silence que la mère dispensait en lisant une histoire qui creusait la nuit et l'embrasait à l'infini : *il était une fois un bûcheron et une bûcheronne qui avaient sept enfants, tous garçons ; l'aîné n'avait que dix ans, et le plus jeune n'en avait que sept.* Les mots résonnaient dans l'espace cristallin du sommeil. L'histoire suivait son cours loin dans le temps, et les eaux du récit se chargeaient de fétus de lumière, emportant avec elles le couteau de l'ogre et le scalpel d'un médecin, le pain volé par les oiseaux et les monnaies de réglisse, le tourment d'une absence et les bottes de sept lieues. Tout se fondait sans se confondre, sous le pur regard de la mère. Sobre visage du silence. Douce figure assise auprès d'une lampe, comme à l'ombre d'une enluminure. Par son attention, elle maintenait jusqu'à la fin des temps l'étoffe du monde, et si elle ne pouvait remédier aux plus secrètes déchirures, du moins témoignait-elle de l'invisible présence, que le plus grand mal ne saurait chasser. Nous sommes sans défense devant notre vie. Nous ne pouvons que l'accueillir, rien de plus. Nous ne pouvons qu'entendre ce second cœur qui nous est donné, plus matinal que l'autre. Il ne fait qu'emprunter notre corps et survivra à nos jours, continuant de battre la mesure d'un temps prodigue. Le silence rafraîchit ce cœur impondérable, plus rouge et vivant que notre vie. L'inconsolable le nourrit.

IV

C'est un matin de printemps et je marche aux côtés de l'amoureuse sur un chemin de campagne. C'est une histoire sans histoire, elle se passe il y a longtemps déjà, bien qu'aujourd'hui ce soit à nouveau un matin de printemps, le même sans doute par-delà l'illusion de l'âge et des années. L'amoureuse est insaisissable comme toutes les amoureuses du monde. Elle cueille par brassées des fleurs de lumière, elle me les offre puis les reprend, elle se perd dans la clarté du jour puis revient, lumineuse et rafraîchie par un désespoir, embellie par un rire, imprévisible et vagabonde comme tous les printemps du monde. Je lui parle en souriant, comme il convient de parler à ceux que l'on aime, des nuages qui s'étirent dans le bleu, des livres épuisés sous la main ou de l'heure légère dans le ciel : avec la nuance d'un sourire, pour montrer que l'on n'est pas dupe de cette clémence des choses et des astres, pas plus que de ces belles nuées de lumière qui frôlent nos tempes et qui, comme tout le reste, passeront dans l'ombre, avec les phrases, les visages, et les heures. Nous allons dans un paysage qui s'arrondit sous nos pas et s'enfuit dès qu'on prétend le nommer. Je parle encore puis je me tais. La poussière du chemin danse longtemps après notre passage. Les feuilles d'un noisetier tremblent sous le vent : rien n'est plus pur que cette clarté d'un feuillage, éparpillée en mille éclats contraires. Rien n'apaise plus que l'humilité de ces feuilles tendres, soumises sans réserve au déluge des lumières. Elles parlent une langue suave, traversée de silence. Leur âme est claire, ouverte aux nuits comme aux jours. Leur abandon attire sur elles l'éclat d'une louange. La contemplation de ces feuilles — vouées à l'adoration de ce qui les tourmente — délivre une pensée pure. Dans l'envol d'un regard, plus rien ne demeure que ces légères feuilles vertes, flottant au gré des ondes éternelles et supportant à elles seules tout le poids de l'espace infini. La promenade se poursuit. On pourrait ainsi marcher longtemps dans la force du jour. Il y a des touffes de laine ou de crin, accrochées aux barrières. Il y a des orties, des pierres blanches. Il y a, sur tout cela comme sur nos lèvres, la lumière d'un matin de printemps. Elle va, elle vient. Elle ne désigne aucune chose du monde et les célèbre toutes. Elle donne à nos sens la candeur d'une alouette jouissant entre les doigts de l'ange. Lumière, présence sans défaut. Elle recense chaque grain de l'air, comme dans l'enfance on compte les années à venir et les noces promises : *un deux trois, nous irons au bois, quatre cinq six, cueillir des cerises*. L'histoire continue, celle de ce matin sans histoire, elle ne prend fin que lorsque — dans le retrait du soir — je désire écrire sur ces choses : les mots pâlissent et ce qu'ils nomment, c'est de très loin, comme un feu qui prendrait dans la figure du sommeil. Toujours une ombre se penche sur celui qui écrit. L'ombre d'une amante ou bien l'ombre d'un dieu, c'est pareil. Elle recouvre toute la page, elle prend tout le silence. Celle pour qui l'on veille ainsi, autour du peu de mots, elle ne fait que passer : elle entre avec le vent et s'empare d'une poignée de roses fraîches, abandonnées au fond de l'encre. À peine veut-on la saluer qu'elle est déjà enfuie, et qu'il faut tout reprendre. Il n'y aura donc jamais de repos, jamais de mot dernier, et cela n'en finira jamais, cette chose sans importance : écrire. Inventer une langue étrangère pour parler à ce qui vient et se dérobe dans le mouvement de sa venue : l'amante, le dieu ou la lumière d'un printemps. La grâce d'un seul jour, comment la retenir ? Il y faudrait une langue pure, ascétique. Économe par abondance, attentive, elle écouterait plutôt qu'elle ne dirait. Mais les mots sont de peu de poids. Ils ne savent enclore la rivière éternelle dans le lit de l'encre. Là où nous sommes — dans l'instant éternel — il n'y a pas de mots, puisque tout est là. Là où nous ne sommes pas — dans la suite des heures — il n'y a plus rien que des mots, enroulés sur eux-mêmes, comme ces duvets d'oiseaux oubliés par le vent dans l'ornière des chemins. J'écris, c'est une façon de ne rien faire. Je me tais. Je regarde ce qui s'en va vers le soir. Comment aller dans la fadeur de toute langue, dans la nuit de chaque jour ? Une aide parfois survient. Elle vient à notre insu, comme à l'insu de ce qui la prodigue. Elle nous est donnée par la beauté qui passe et meurt dans le passage. Comme un espace ouvert par la foudre. Comme une île de lumière au milieu des eaux noires. Nous n'aurons jamais d'autres secours que celui-là, que cette beauté qui nous éclaire en nous précipitant dans une nuit plus grande encore. J'écris, je ne fais rien. J'aime cette vie-là, pauvre en événements. Ce retrait fait place nette, et ce qui peut sembler austère n'est que la disposition de toutes choses — pensées, fruits et encres — en vue de la plus grande abondance qui soit. Je bois un café, pour la brûlure de la tasse entre les doigts. Je regarde une peinture, pour le silence. J'attends mais ce n'est pas pour attendre. Je me tais, je ne fais rien, et dans ce rien d'une soirée, j'apprends lentement à nommer ce qui me comble et m'échappe : l'émerveillement d'une petite feuille verte, égarée dans la crue des lumières.

V

Les grandes décisions se prennent dès l'enfance, celles qui orientent le cours des astres et l'allure des songes. Elles naissent de tout et de rien. Elles naissent de l'indigence soudainement révélée du tout de la vie. À sept ans, l'âme est déjà menée à son terme, enroulée sur sa propre absence, comme les pétales d'une rose, amoureusement repliés sur le vide en leur centre. Cette révélation de l'abîme la parfait, lui donnant l'amertume d'un parfum noir qui imprégnera jusqu'au dernier de ses jours. La foudre du vieil âge atteint ainsi l'enfance au beau milieu de ses jeux. L'éclair d'un savoir dont la lueur se prolongera jusqu'à l'ultime instant. Ces choses-là sont muettes. Aucune langue ne les supporte, et même les mots de la cruauté sont trop tendres pour les porter aux lèvres. Cette connaissance du manque absolu de tout, l'enfant mettra longtemps à la diluer dans son sang, à la brûler dans l'automne d'une lecture ou à la disperser dans l'agitation d'un travail. Devenir adulte, c'est oublier ce que l'on ne peut s'empêcher de savoir et dans quoi l'enfant — parce que la force lui est donnée avec sa faiblesse — passe ses heures : le désarroi des mots, la carence des amours et la lente corruption des rêves, soumis à tous les vents. Cette annonciation faite à l'enfant, peu importe où et quand elle se produit. Elle advient, et cela suffit. Un peu plus tôt, un peu plus tard. Devant l'immédiateté souffrante d'une telle pensée, l'enfance puise en elle un secours. Au silence libéré par la mélancolie, répond sans répondre le silence d'une décision : comme un vœu de folie, prononcé sous l'obscur d'une étoile. La décision ne porte sur rien de clair. Le silence est son unique substance. L'azur d'une phrase imprononçable. La farouche volonté d'un silence où se recueille une enfance, décidée à se survivre dans ce qui vient à l'instant de la tuer. La lumière d'un tel souhait est profonde. Elle met longtemps à venir au jour, des années entières : notre enfance se poursuit, ailleurs. Le parfum d'un jardin d'été, la mousse d'un vieux mur ou la rougeur d'un cerisier en ont la charge. Que quelqu'un nous protège, c'est l'évidence : nous sommes si absents de nos heures qu'il faut bien qu'un ange en ait la garde, époussetant les ombres sur le cadran solaire. De l'enfance, longtemps, je n'ai eu aucun souvenir. Elle se confondait avec l'éternité et, comme elle, demeurait au-devant de moi, pure, inentamée. Dans cet éblouissement, je songeais à ces figures ancestrales dont je ne savais rien, ou si peu : anecdotes, mémoires. Fictions que sécrètent les vivants autour de leur deuil, comme un cocon enveloppant une plaie toujours fraîche. De l'un, mon père me rapportait que « le travail l'avait usé », comme la flamme noircissant la mèche, ruinant la cire. Un souffle l'avait éteint. D'une autre, longtemps recluse dans ces maisons de folie qui n'ont de porte dans aucune langue, ma mère parlait peu, rappelant simplement qu'« elle était douce, fine et gourmande ». C'est tout. Je n'en saurais rien d'autre mais, au fond, cela épuisait toutes les connaissances que je pourrais jamais avoir, des vivants comme des morts : quelques phrases approximatives, non menées à leur terme. Ils étaient absents des premières années : sur le terre-plein de l'enfance, le soleil seul avait droit de cité. Maintenant je pense à eux et à ce mauvais charme qui les a ployés, l'un dans ses forces, l'autre dans ses rêves. Ainsi je les vois, parmi tant d'autres. Dans l'injustice du monde, dans la cruauté d'un sort. Ils sont là, et ils ne sont pas là. Je ne fais que poursuivre un chemin qu'ils ouvraient — chacun à sa manière — sans avoir chance de s'y engager. L'un me donnant ce goût têtu de l'oisiveté — c'est-à-dire de l'amour —, et l'autre ce sens d'une démesure qui, loin de compromettre la vie, l'éternise dans un instant de toute beauté. Chacun me léguant ce qu'il ne possédait pas, et dont l'absence l'accablait. Ils ne sont pas là, et ils sont là. Ils reviennent parfois, pour jouir avec moi de la douceur de l'air. J'ignore qui ils furent, comme j'ignore qui je suis. C'est à cet infini entre nous — comme entre deux promeneurs qui se parlent dans le noir — que je m'adresse. En célébrant la beauté, l'hiver, la lumière ou les livres, c'est de cette part intime d'eux-mêmes dont je fais la louange, de cette intimité d'eux en eux, dont leur âme comme leurs chairs ne furent qu'une image. « À quoi penses-tu ? » demandent les importuns à celui qui renoue en lui avec le songe d'une origine. Comment dire : je ne pense à rien. Je ne pense ni à des mots, ni à des choses. Comment dire : c'est à vous que je pense, à ce qui, au centre de vous, est comme au centre de moi. C'est à la mort et c'est à l'enfance que je pense. Celui qui se tait, celui qui ne peut répondre, il va dans le bois d'une chanson où l'enfance est morte, où les lauriers sont fanés : *si la cigale y dort, ne faut pas la blesser*. Il marche lentement dans la force éternelle, il s'éloigne de toute maîtrise comme de toute servitude. Il n'obéit plus qu'au flux des étoiles dans le sang, et c'est d'un pas léger qu'il marche : comme si l'évidence de la perte se doublait de l'évidence d'un salut. Comme si les deux silences — celui de la mort enrobée dans la vie et celui de la vie dérobée à la mort — n'en avaient jamais fait qu'un seul : celui de l'enfance en son deuil infini, en son rire éternel.

VI

Dans la chambre d'agonie, comme dans la chambre de jouissance, nul ne peut entrer sans aussitôt changer de nom, et de sang. Un ange se tient sur le seuil, et ce n'est pas sans trembler que l'on devine l'ombre qui le touche au défaut de l'épaule. Aimer et mourir procèdent de la même connaissance, vont du même pas. Ce sont deux lueurs qui ne font qu'un seul feu, et sans doute est-ce pour cela que nous aimons si peu, si mal : il nous faudrait consentir à notre propre défaite. Il nous faudrait perdre et renoncer à tout, même aux gains de cette perte. Ce n'est que dans l'amour — dans la délicatesse d'une main, la lenteur d'une voix ou le tourment d'un regard — que chaque chose retrouve sa place, toute sa place, au centre périssable d'elle-même : l'éternité est la part la plus friable du corps. Écrire emprunte de son éclat à cette double lumière. Celui qui écrit, il envisage toutes choses sous le soleil d'automne.

Dans la plus tendre chair comme dans la plus simple fleur, il délivre un savoir sombre, qui les parfait en les foudroyant. Il dessine les mots de la sagesse, les mots de l'oubli et du calme. Il s'applique. Ainsi espère-t-il conjurer la venue de la nuit. Ainsi croit-il se maintenir, en présidant à la minutieuse cérémonie de son propre effacement. Mais ce n'est qu'un jeu, bien pauvre au demeurant. Ce qui est écrit ne tient pas. Aucune parole ne tient. L'ivresse du mot juste peut, un temps, nous conforter dans ce rêve de puissance. Mais avec l'avancée du soir, nos lèvres pâlissent et nos phrases se perdent dans le noir, comme des flèches égarées dans leur cible invisible. Je regarde l'enfant de qui je tiens tout mon savoir. Hélène. Elle entre dans ces pages, elle est ici chez elle. Je la regarde un jour, déguisée en mariée, au bal masqué d'une école. Je regarde comme elle danse, soulevée par une joie qui se nourrit d'elle-même. Elle court jusqu'au fond de la salle, traînant derrière elle un serpentin de couleur vive, comme un fil de lumière dans le sillage de son rire. Avec le soir, la fatigue éclaire son visage, éparpillant son regard qui se porte indifféremment sur tout. La petite fille de six ans et sa robe tachée par un gâteau trop lourd : son visage est si nu dans l'approche du sommeil, que je peux y voir — comme à fleur de peau — le double infini de sa vie et de sa mort. Je la regarde et j'apprends avec peine ce savoir que les livres ne donnent pas : c'est dans l'épuisement que l'on augmente ses forces. C'est dans l'abandon que l'on devient prince, et dans l'éclat de mourir que l'on découvre ce plus noble éclat de l'amour. Si la beauté d'un visage est poignante, c'est en raison de cette lumière qui le façonne à son insu, et dont l'éclat se confond avec celui de sa future disparition. Dans la noblesse de visages oublieux d'eux-mêmes, je n'ai jamais vu que l'évidence de cette clarté vers quoi tend chaque vie, sans la connaître : la beauté et la mort entretiennent un incessant commerce dans l'espace ouvert du visage, semblable au murmure de deux voisines, par-dessus la haie d'un jardin. Les traits de l'enfance — voués par leur perfection à un bref engloutissement — sont plus aigus que tous autres. Leur fraîcheur est le signe de leur perte. Le visage d'un enfant est une fleur offerte, promise à la faux qui lui donne sa brillance, brûlant l'air alentour. La fin est là, dès le début. Parfois on le voit. Parfois on ne voit plus que cette lumière qui secrètement altère le visage adoré. Ainsi devine-t-on où l'on va, et qui nous attend. Ainsi un visage — presque rien — s'impose-t-il à nous, dans l'extrême fugacité de sa gloire. L'amour de ce rien nous délivre un instant de l'insignifiance puis, très vite, on oublie. On retourne vers le monde. On oublie l'inoubliable : l'instinct, la beauté. La rosée des louanges. On ne voit plus combien tout nous ressemble, combien toutes choses sont faibles, comme nous, privées d'appui, comme nous, recevant tout de plein fouet, la vie, la mort, les fées et les loups. Comme nous. Elle est oubliée, la prudence enfantine qui faisait craindre la fin du paradis, l'heure d'aller se coucher. Elle n'est plus entendue, la demande inquiète au cœur des plus vieilles complaintes, mendiant encore un peu de temps, encore un peu de vie : *je voudrais que la rose fût encore au rosier, et que mon ami Pierre fût encore à m'aimer*. On oublie. On s'en va dans la forêt, on s'en va dans le monde qui ne serait rien si nous ne lui prêtions main-forte, nourrissant, au profond de nous, les chiens qui se disputent notre âme blanche. Ayant renoncé à la plus haute science — qui est science de l'enfance — nous avons perdu la force du clair, la vertu du simple. Nous manquons à notre vie. Nous manquons à tout. L'étrange est au fond que la grâce nous atteigne, quand tous nos efforts tendent à nous rendre inaccessibles. L'étrange est que — par la faveur d'une attente, d'un regard ou d'un rire — nous accédions parfois à ce huitième jour de la semaine, qui ne commence et ne s'épuise en aucun temps. C'est dans l'espérance de telles choses que je vis, et c'est sous cette lumière que j'écris, goûtant à la beauté des jours qui s'en vont. Écrire, sans doute, est vain, et il n'est pas sûr que cela empêche la nuit de venir, pas sûr du tout, mais, somme toute, cela peut sembler aussi vain d'aimer, de chanter ou de cueillir les premières pervenches — pâles et tendres comme au sortir d'une longue maladie — pour les amener dans la chambre déserte. Je les regarde, j'écoute leur leçon : rien ne s'ouvre ainsi, que dans le centre obscur de l'oisiveté, que dans l'apparent remords d'une inutilité. J'écris, je n'écris pas. Je regarde celle qui s'éloigne en robe de mariée, éblouie de fatigue : l'enfant immédiat, la proie des ombres. Dans l'éternité de ce regard, plus qu'une seule pensée blanche, légère. Elle tombe, elle vole, elle va. Elle occupe à elle seule le ciel et la terre, semblable à ces fleurs du tilleul que la brise déporte, qui tournent sur elles-mêmes : dansant entre l'air et l'air, elles s'offrent en se refusant, elles ne touchent jamais le sol. Ainsi cette unique pensée d'une présence qui plus jamais ne nous ferait défaut, d'une beauté qui plus jamais ne souffrirait les offenses du soir, du mal, de la mort. À l'enfant qui me demanderait ce que c'est que la beauté — et ce ne pourrait être qu'un enfant, car cet âge seul a le désir de l'éclair et l'inquiétude de l'essentiel — je répondrais ceci : est beau tout ce qui s'éloigne de nous, après nous avoir frôlés. Est beau le déséquilibre profond — le manque d'aplomb et de voix — que cause en nous ce léger heurt d'une aile blanche. La beauté est l'ensemble de ces choses qui nous traversent et nous ignorent, aggravant soudain la légèreté de vivre. Je lui montrerais le ciel où les anges, en s'essuyant les mains dans un nuage, donnent une peinture de Turner, et je prendrais pour lui une poignée de cette terre, sur laquelle nous allons. Je lui dirais qu'un livre c'est comme une chanson, que ce n'est rien, que c'est pour dire tout ce qu'on ne sait pas dire, et je couperais pour lui une orange. La promenade se poursuivrait loin dans le soir. Dans le silence, nous découvririons enfin, lui et moi, la réponse à sa question. Dans l'immensité lumineuse d'un silence que les mots effleurent sans le troubler.

Lettre oubliée entre deux pages

On ne peut tout dire. On ne vit que sous cette réserve-là : on ne peut tout dire. Celui dont la parole s'échangerait sans perte avec la vie, celui-là serait fou : disant ce qui est avec ce qui n'est pas. Mélangeant les heures et les cieux. Parlant, lèvres closes. Écrivant. Les pages qui précèdent ont été écrites ainsi, deux fois : une première fois dans la solitude où nul ne pénètre, pas même le solitaire. Une seconde fois sous votre regard, avec vos yeux. De cette seconde écriture, plus rien ne témoigne, que cette lettre. Hors texte. Hors tout. Qu'elle aille vers vous. Qu'elle aille vers celle qu'un enfant, dans l'humour de ses cinq ans, appelait « Amande », vers celle qu'un ancêtre, dans la bienveillance du grand âge, désignait du nom ombragé de « Marjolaine ».

Puissiez-vous trouver, au fil de cette encre, des milliers d'autres noms — autant que vous avez de vies — et des milliers de fruits, entre l'amande et la marjolaine.

Je vous écris avec la fenêtre ouverte sur un ciel pur. C'est la première étoile qui vient, déjà. Elle est toute verte, c'est la plus jeune. Elle tremble un peu, comme une lanterne qu'on ferait aller sur le monde, pour chercher ce qui est perdu. Je viens de terminer le Huitième Jour de la semaine. *Les feuilles sont là, toutes sages sur un coin de la table, toutes blanches et noires. Les jours d'écriture sont comme des veilles de fête : ce n'est pas sans peine que l'on s'en déprend, même s'ils nous ont conduits auprès d'une lumière si douce qu'elle fait pâlir leur encre. Combien de mois, combien de vies faut-il pour écrire une phrase qui égale en puissance la beauté des choses ? Parfois, l'enfant entrait dans la chambre d'écriture. Elle venait de la forêt, d'un rêve. Elle avait marché sur un sentier d'eau très pure, parmi les herbes. Qu'est-ce que tu fais ? Tu vois, j'écris un livre. Elle riait. Chose insensée, elle riait. Ces pages, pour elle, ce n'était rien. Folle sagesse de l'enfance. Beauté d'un rire qui foudroie ce qui est sérieux et qui n'est que cela : les affaires que l'on traite, les soucis qui nous tiennent et les livres qu'on écrit. L'enfant repartait bientôt, m'entraînant dans la gravité de ses occupations : réciter une comptine, dessiner des orages ou éprouver, sur une balançoire, l'instabilité foncière du ciel et de la terre. Nous avions inventé un jeu : assis, immobiles, sur un petit banc de pierre, chacun devait avertir l'autre de tout événement survenu dans l'espace étroit, couvert par le regard. Le satin d'un nuage, la fièvre d'un feuillage ou la chute soudaine du vent, tout devait être recensé. Très vite, nous nous aperçûmes que ce jeu n'aurait pas de terme, et que l'étoile du regard — comme on dit : l'étoile du berger — enveloppait l'infini. Le plus profond de nous était là, au-dehors. Dans les choses, sous le flux argenté des heures. Dans les choses teintées de ciel et d'argile, comme autant de fragments d'une louange à jamais égarée. Hors de portée. Lorsque l'enfant s'en allait — ravie par le sommeil ou captive de l'école — je revenais dans la chambre d'écriture. Je n'écrivais pas toujours, loin de là : ce que j'appelle ici la chambre d'écriture, ce n'est pas un lieu, pas même un espace ouvert par le silence, mais le simple déploiement des forces qui dorment en moi, comme elles dorment en chacun. C'est une chose difficile à préciser : elle échappe aux mots qui en viennent, elle leur est antérieure. Je n'aime rien tant qu'écrire, qu'ainsi gâcher un peu d'encre, vous le savez, mais cet amour ne suffit pas. Il faut encore vouloir ce que l'on aime, et il faut le vouloir d'une volonté profonde, pure de toute impatience, comme obscure à elle-même. Un désir trop brutal menacerait les puissances qui sont en nous, tout aussi sûrement qu'un trop long oubli. Ainsi, de temps en temps, les choses contemplées auprès de l'enfant revenaient sur la page, comme à mon insu. En lançant sur leurs formes dissoutes la neige noire de ces phrases, c'est leur nom que j'écrivais et le mien que j'effaçais. Aujourd'hui le livre est clos, et je le regarde avec les yeux de l'enfant : aucun livre n'a d'importance. Dans le monde on ne dit rien, avec beaucoup de mots. Dans les livres on n'en dit pas plus, mais avec d'autres mots. Le silence du monde et des livres, rien ne l'entame, sinon cela : le rire d'un enfant dans la chambre de cristal. Si je vous raconte cette histoire, comme une fable fondatrice des textes qui précèdent, c'est parce qu'elle m'a souvent fait songer à vous. Cette sagesse éblouie de l'enfance est la vôtre. Elle confond toutes sagesses, et le mot de folie la désigne au plus près. Vous me parlez parfois de ceux qui écrivent, et de cette naïve prétention qu'ils peuvent — de façon quasi invincible — en concevoir : votre rire ressemble alors à celui de l'enfant. Il y a une joie dans le monde. Il y a une joie élémentaire de l'univers, que l'on assombrit chaque fois que l'on prétend être quelqu'un, ou savoir quelque chose. De cette joie, vous ne vous êtes jamais exilée, et je ne sais ce qui me plaît le plus en vous : votre insouciance qui vous permet de veiller à l'essentiel, ou votre intelligence qui vous fait accueillir la vie comme elle vient, à son heure. C'est une belle chose que d'écrire : c'est, par l'extrême solitude, toucher à l'extrême présence. Le solitaire est celui qui n'est plus jamais seul parce que toutes choses viennent à lui trouver leur nom. Il est comme une petite maison dans la forêt, si ouverte au silence que les bêtes sauvages ne craignent pas d'y entrer. Mais il est vrai qu'à force d'écrire, l'on finirait par croire que l'on a trouvé quelque chose : de cette erreur, votre rire m'épargne, et je ne saurai jamais assez vous en remercier.*

Après ce livre, je ne sais pas : je ferai d'autres choses, d'autres lettres, puisque c'est ma façon à moi de vivre, que d'ainsi perdre mon temps. Ou bien je lirai. Des essais, des romans, des contes, des poèmes. Je mélangerai tout cela, car c'est ma façon d'y voir clair, que d'entasser l'une sur l'autre ces branches mortes, tombées sur l'herbe des lectures. Parfois le feu s'en empare et le vent dresse une flamme qui peut se voir de loin, sur la page où j'écris. Je n'ai jamais lu pour m'instruire, et je serais fort en peine de vous dire à quoi me servent toutes ces pages avalées, quand dehors le ciel est si tendre. Il y a bien cette lumière de la langue dont je pourrais vous dire quelque chose : quand la langue se love en elle-même, dans l'ourlet de ses phrases, dans le sombre de ses parenthèses ou le nacré de ses voyelles. Quand la langue en elle-même se retire, se dérobant à nos volontés brutes et à notre besoin de certitude, comme un enfant apeuré va se cacher sous les dentelles de sa jeune mère. Peut-être n'écrit-on que pour cela, pour fuir — sous les jupons d'une langue maternelle — la mort brillante et le temps rugueux. Dans cette panique que l'on déguise en sagesse, dans cette paresse méditative, un prodige parfois s'accomplit. Il s'agit d'un miracle, égal en clarté à celui d'une résurrection. Le mystère ici est inverse : on ne transmue pas une matière en esprit, mais, par l'esprit, on touche soudain à la matière pure. Vous connaissez ces chansons de troubadour, ces légendes fatiguées et cette langue cramoisie, toute chargée de dorures et de lys. Au détour d'une phrase, au gré d'une lecture, on entend parfois un bruit de pas sur le gravier, et l'on voit l'aube qui cogne aux meurtrières d'un château, et les vipères qui glissent au fond des douves. C'est une profonde énigme que celle-là, qui fait que l'austère passion de la langue nous rende par instants cette évidence et cette immédiateté dont les choses seules ont le privilège. Et pourtant : ouvrez les livres aimés. Il n'y a rien dedans. Il n'y a que des mots, empêchés dans l'encre, saisis dans la trame du papier. Des mots plus secs et rassis que ceux que l'on prononce avec le souffle, avec la gorge : ceux-là, du moins, forcent un sentier dans l'air autour des corps, jouissant ainsi d'un peu de vie, même si elle est éphémère. Oui, c'est un pur miracle, que par des mots enterrés dans des livres, l'on puisse raviver une source, rafraîchir un jardin. Ainsi je me souviens de ces taches rouges et jaunes sur le ciel pluvieux du samedi 7 décembre 1697, griffé par Saint-Simon dans son journal : quand le duc de Bourgogne considérait avec ennui le feu d'artifice tiré pour son mariage, dont les étincelles retombaient sur une pièce d'eau, au sud du palais de Versailles. C'était hier, je crois.

Il y a ce soir une douceur semblable à celle qui régnait dans le parc du musée Rodin, le jour où nous sommes allés dans ce plus délicieux domaine de Paris : une lumière hésitante enveloppait sa fraîcheur sous des étoffes d'air, comme pour retarder l'instant de périr. On eût dit que quelque chose allait naître, qu'un animal très fin allait traverser l'espace illimité du parc, et que le moindre bruit l'aurait fait fuir à jamais. Je parlais comme à l'accoutumée : beaucoup trop, comme chaque fois que la beauté des choses me fait souvenir de l'émerveillement de vivre, agissant en moi comme une subtile ivresse et rompant ce silence qui me sert dans le monde, où je m'ennuie. Vous étiez souriante, attentive simplement à tout ce qui n'était pas vous : les statues, bien sûr, mais aussi le ciel, les arbres, et le souci jamais éteint du tout de la vie. Le huitième jour de la semaine, voyez-vous, ce doit être quelque chose comme cela : un instant où les choses s'effacent dans les fêtes qu'elles annoncent. Dans le musée, il y avait les statues de Camille Claudel. Leur grâce, fiévreuse, était celle du funambule au-dessus de l'abîme. Elles avaient échappé au double enfermement de la famille et de l'asile, subi par leur auteur. Elles disaient quelque chose sur le monde, d'une voix murmurante, douloureuse à entendre. J'ai longtemps retenu près de moi cette image de la « petite châtelaine » : ce visage d'enfant tendu vers le jour comme devant le rideau d'une scène qui tarde à se lever. Un ciel froid touchait ses épaules nues. Songez à ce visage, lorsque la nuit s'en empare : cette enfance ruinée, d'un seul coup. Le manque de tout. Le manque du pain et des roses. Comment écrire, comment lire sachant cela, et que le monde se glace chaque jour un peu plus dans le noir de lui-même ? Il n'y a pas de réponse. Peut-être n'est-ce qu'ainsi — dans l'évidence de leur impuissance — que les mots commencent à nous dire quelque chose. Peut-être. Mais cela appellerait d'autres lettres, d'autres livres, et il est temps pour moi de recopier ces pages, afin de vous les offrir.

L'insouciant ruisseau qui va en nous

Le sommeil est un mystère et, en tant que tel, il touche la mort d'un côté, et l'amour de l'autre. Il fleurit au-dessus de ces deux abîmes et le vent parfois le fait trembler. Enfant, j'avais coutume, certaines nuits, d'appeler mes parents. La mère venait, depuis toujours en chemin, et son visage penchait sur moi la lueur d'un sourire. Ce temps est clos, désormais. Quelque chose m'en est resté, un peu de cire sur les paupières, un sceau qui ne sera levé qu'au dernier jour, lorsque enfin je m'éveillerai. L'enfant que j'étais alors ne craignait pas la brusquerie du désir qui pose des questions excédant toutes réponses possibles. Avec la belle ingratitude de mes cinq ans, je congédiais la mère, en lui disant : ce n'est pas toi que je veux. Et, bien sûr, lorsque le père arrivait, ensommeillé et me demandant ce que je voulais, je répondais : rien. Je ne veux rien. L'enfant ignore tout des forces qu'il épuise et de celles, bien plus considérables, qu'il donne, à profusion. Il ne sait, à vrai dire, rien de l'enfance puisque celle-ci n'arrivera que bien plus tard, lorsque l'adulte, délaissant par grâce l'inutilité d'un travail, d'un nom propre, entreprendra ce lent retour de l'âme en ses terres : la vie enfin, telle qu'en elle-même. Oisive et patiente. Abondante et mortelle. Au bout du compte, la mort, si tard qu'elle vienne, fera un croc-en-jambe à un écolier. Mais il aura fallu auparavant se faire attentif, éviter la moindre distraction : recueillir sa voix dans une nuit secrète, afin d'épurer sa clarté, d'inventer son chant. Donner à sa parole la souveraineté des rivières, filant sans trêve jusqu'au silence surabondant pour s'y jeter et s'y perdre, retrouvant là — et là seulement — d'autres paroles, mêlant leurs eaux aux siennes, là, dans les grandes profondeurs. Patience, silence : ces vertus n'empêchaient pas la vie de s'envoler, dans un semblant d'abandon. Ainsi, parfois, la nuit commençait avec le jour. Et plus personne à appeler, à qui délivrer cette parole, toujours vraie, de plus en plus vraie : rien. Je ne veux rien. Comme tout un chacun, je m'en remettais alors au jour qui passe. Le voyageur sait qu'il ne doit faire preuve d'aucune hâte, d'aucune impatience : le terme du chemin reculerait devant un pas trop pressé, trop bruyant. Il va, sans craindre les pluies, sans souci d'un ciel immuable, orageux. Il sait devoir compter encore plusieurs hivers avant la certitude des fruits. Il va, et la paix est déjà dans l'attente qu'il en a. Je faisais donc n'importe quoi, je passais le temps : petits travaux, petites études. D'un long commerce avec les penseurs, je ne retenais que cette image voilée de diamantaires aux lèvres blanches, aux ongles minutieux, taillant dans leur cœur vitrifié par l'éclair quelque facette d'eau très froide : de quoi écrire un vain traité des passions de l'âme. Kant, Spinoza et Kierkegaard donnaient leurs noms à des arbres esseulés, entêtés sur un sol aride et pentu. L'amour de la philosophie était un amour noir, aussi noir qu'un ciel d'été. Plus tard, contemplant la blessure orangée du rouge-gorge, regardant les narcisses s'ouvrir dans la blancheur du feu, je comprenais enfin ce que je n'avais fait que lire : que les anges coulent de source, que la pensée vraie n'avait pas cessé de m'accompagner, qu'elle ne demandait que l'hospitalité de mes songes, que la moitié de mon ombre, que l'aile d'une seconde. Quel jour était-ce ? J'écoutais le vent chanter a cappella dans le clavecin brisé des roseaux. Mon regard allait des arbres aux rivières, des rivières aux nuages. Une alouette dans le midi du ciel, au plus tremblé de son vol, tranchait d'un seul cri les anciennes querelles des maîtres, résolvant le problème de l'union de l'âme et du corps. Enfin je pouvais vivre, et écrire.

Rien, jamais, ne serait acquis. Mais, du moins, je renouais avec cette liberté profonde et courtoise, transmise par mes parents, par-delà la fatigue des nuits interrompues et des jours incertains : aucun savoir ne peut résoudre l'étonnement de notre vie. Aucune illusoire maîtrise ne peut détourner le cours de l'insouciant ruisseau qui va en nous et ne sait où il va, accédant à des instincts en friche, bouleversant des terres sans âge, dont le soulèvement se confond alors avec la douleur qui nous en vient, insupportable, radieuse. Ainsi avais-je appris ma leçon, oubliant tout le reste qui méritait d'être oublié et que les écoles infligent aux enfants assombris. Leçon ancestrale, coutume venue de la nuit des temps : attendre infiniment, mais sans rien attendre de personne. Inventer dans le silence d'une rêverie mes propres contemporains : cette franchise d'une étoile, cette pure mélodie d'un feuillage, cet atome de lumière sur le mur. Couper et tailler les plus souples branches de l'âme, puis les confier au quatuor de l'air, du feu, de la terre et de l'eau, afin que toutes choses viennent en moi éprouver leur résonance, dans l'anonymat de mon nom, dans l'oubli de toute appartenance. Regarder se lever l'arc-en-ciel sur la page rafraîchie par l'ondée d'une absence. Et, surtout, fuir la persuasion des raisons, la douceur des consolations, la bienveillance des maîtres. Ne servir que ce maître-mot : l'amour. Ce gueux, ce mendiant, cette aurore qui gagne en nous comme un incendie, de proche en proche embrasant la forêt endormie dans l'arrière-pays de nos pensées, là où nous ne savons plus, là où nous arpentons, dans la dissolution de tous repères, une vie crue, sauvage et d'un seul tenant. Reconnaître cette allure gauche qui est la sienne, à tenir dans le creux de ses mots une rose d'eau vive et à trébucher souvent sur le chemin inégal, sans jamais rien en perdre. Entendre la lenteur de son pas : comme elle est nécessaire. Comme folle serait l'impatience…

LE COLPORTEUR

La chambre de lecture est nue, peu faite pour recevoir. Point de ce luxe qui éparpille la vue, fragmente le silence du dedans. Chambre obscure où flotte pourtant une lumière qui n'est pas celle du jour. Dans un instant, viendra y tournoyer la poussière des ailes de mourir, de naître et d'aimer. Il suffira pour cela d'un livre heureux, d'une abeille noire et blanche : d'un rien.

Seul, sur le bord de la fenêtre, ce panier de mots et de violettes fraîches, à peine entamé.

Quittant le monde tu ouvres un livre : une boîte à silence, familière, ouvragée, délivrant un diable-doux, un ange-acide. Fermant le livre, tu gagnes enfin ce qui n'est plus ni du monde, ni des mots : la bonté, ou le désespoir.

Allant hors de toi pour mieux te rapprocher du centre, jusqu'à ce point du plus grand trouble qui est aussi celui de la plus grande paix.

Le lecteur, souvent, est atteint de langueur, de patience, de désertion. Cette éclipse de vie se manifeste précocement, généralement vers l'âge de huit ou neuf ans, et le symptôme en est l'apparition de croissants blancs sur l'ongle de l'âme. Il serait vain de prétendre guérir ce mal : le goût des lectures ne quittera plus l'enfant inconsolable, humectant les plaies qu'il s'est faites au genou avec une essence d'encres sauvages.

Regarde la tête que tu fais
tu es bien trop pâle
Pourquoi ne vas-tu pas jouer dehors ?

L'espace du livre est celui des enluminures du Moyen Âge : le ciel vient résonner dans les yeux de la châtelaine et, sur sa traîne fleurie d'eau pure, roulent treize soleils à visage d'homme. Une main est plus grande qu'un cheval et le château est plus petit que le sentier qui y mène, jonché d'aurores.

De longues heures ainsi, à considérer toutes choses suivant cette lumière qui les fait tourner à leur avantage. Contemplant l'infini enclos dans la miniature d'un silence.

Hier encore, dans une de ces fièvres enfantines qui t'exilait dans la chambre haute, un livre d'images entre les mains, tu écoutais la voix de la mère au-dehors, la voix de l'impossible oubli, chantante dans le fond du jardin. Aujourd'hui, penché sur la couleur noire, tu regardes brûler tes livres. Et si, une fois par siècle, tu ouvres la fenêtre et te penches au-dehors, tu n'entends plus que la fin d'une comptine dont tu es, depuis si longtemps, captif :

ma chandelle est morte
je n'ai plus de feu

Les mots traversent l'éther de la page. À peine veut-on les saisir, entre deux doigts de fée, qu'ils meurent et renaissent plus loin : comme à ce jeu, vous en souvenez-vous, où il est question d'un bois, et où demande est faite au loup de signaler sa présence. Semblablement, le lecteur *y est* lorsque l'auteur *n'y est plus*, tous deux se cherchant en vain dans la forêt de *Langue d'Or*.

Lire. Déplier l'échelle qui est dans l'âme, dont les degrés se perdent de vue, vers le haut comme vers le bas.

Le visage du lecteur est plus nu que l'air et son corps est souple, délivré de l'étroitesse d'agir. Allongé, bras et jambes négligemment appuyés sur plusieurs continents, il compte les étoiles dans le blanc orageux de la page. Plus il s'approche de son rêve, plus le silence gagne sur lui.

Cérémonie du simple, exercice de la patience. Lire est un chemin, parmi tant d'autres. Croître en clarté, voilà le but.

La vie passe au-dehors et sa vitesse est celle de la lumière. Les deux mains sur un globe de papier transparent, contemplant les flocons d'encre noire qui tombent à l'intérieur, il épouse la vitesse plus considérable encore de la lenteur. Il regarde impassible les blocs de temps pur, venus d'un ciel sans profondeur : Éloge de l'immobile. Supplique du muet.

Les noms possibles du lecteur : Méditant par grand froid. Mâche-le-vent. Creuse-l'azur. Songe-blanc. Passeur. Hirondelle du ras de la page.

Sur le cœur nu du lecteur, courent des lézards. Avec un brin d'encre, il fait chanter les cigales et retourne chaque mot, chaque pierre, dans le secret espoir d'y découvrir son nom. Il trouve ainsi le nom de toutes choses, mais jamais le sien, jamais, comme il était pourtant promis dans ce feuillet de l'Apocalypse de Jean, arraché par l'orage :

Et je lui donnerai un caillou blanc
et sur ce caillou un nom nouveau
que personne ne sait
sinon celui qui le reçoit

L'histoire que tu vis, celle de chaque jour, est simple, donc incompréhensible. Aucun livre n'en fait mention, aucune lanterne de papier ne l'éclaire. Regarde. L'essentiel est dans ce que tu oublies et qui se tient devant toi. C'est par l'infime que tu trouveras l'infini, par ce calme regard sur l'ombre bleue, peinte sur une tasse de porcelaine blanche.

L'âme, sans doute, est imprégnée de cette couleur, ainsi que de lambeaux de vieux français et de chants anonymes, éternels comme l'aurore, celle qui chaque jour se lève.

Frêle rivière du sang : elle va dans la chambre nuptiale du cœur, elle se cogne aux parois, elle s'enfuit dans les landes de la chair, elle se perd dans les feuillages des nerfs, elle retourne à nouveau dans la chambre d'or, elle brille et fait son lit dans tes rêves.

Veille devant la page irriguée par une encre rouge. La moindre distraction, au-dehors comme au-dedans, provoquerait le tumulte des pierres et l'assèchement de la vie.

Dans la fortune d'une solitude, le monde diminue et tu grandis : c'est là le premier cercle, qu'il te faudra un jour quitter, nouant ton âme à celle du feu. Triompher du monde, c'est triompher de bien peu et le plus dur reste à entreprendre.

Devant toi, rangés dans des silences égaux, les mots de la soif qui, seuls, désaltèrent.

Prends garde à la rumeur qui couronne le rêveur : le monde ne reconnaît rien que pour aussitôt le compromettre. Redoute ceux qui, pour te louer, t'appellent à la fenêtre : celui-là n'est pas solitaire, dont tous connaissent la retraite. Crains les bienveillants : un seul conseiller est plus néfaste au prince que mille armées ennemies. Éloigne-toi. Plus loin encore. Plus loin sans cesse.

Là où tu vas, plus de miroir sur la page, plus aucun nom sur la couverture.

Tu es entré comme apprenti dans la maison brûlée de l'amour. Tu as dû pour cela te déprendre de tout, et d'abord du vain désir d'un jour être à ton compte. On ne t'y demande rien, que d'entretenir, nuit comme jour, ce feu où trempent tes songes.

Dans le désœuvrement d'une attente infinie, tu ouvres les livres, abîmant tes yeux, apprenant peu à peu l'austère leçon : de la solitude, nul n'est digne. De la bonté, nul ne s'approche.

Aiguise tes refus sur la lame d'un silence. Ne dis rien de tes absences. Parler, pourquoi parler ?

Échange de mots est commerce de pierres. Ce qui, pour venir aux lèvres, demande si peu de temps et de songes ne peut être rien de bon.

Répands l'encre et le plomb sur ta langue : si tu pars, que ce soit lèvres closes, dans l'éclair prolongé d'une rêverie.

À l'enfant qui demande où vont les morts enfouis sous la langue, à l'amoureuse qui s'inquiète d'une éternité d'amour qu'elle devine corruptible, à celui qu'un mal dépouille de tout, même de son mal, quel texte a jamais répondu ?

Lis comme si tu ne lisais pas : sachant que, dans aucun livre, tu ne prendras connaissance de l'essentiel. Sachant que l'essentiel est ce qu'aucune connaissance ne peut prendre.

Les rêveurs de grands chemins, les solitaires dont le visage est une flamme, ils marchent lentement dans le soir qui descend. Leur corps est déboîté du côté de l'âme, leurs bras sont grands ouverts et le vent les devance, faisant s'incliner les blés en livrée de fête : accueil à ce qui va.

Ils ne se nourrissent de rien, sinon de miettes hasardeuses, tombées du ciel d'un livre, de semis de lumière, oubliés dans l'épaisseur de l'encre : de quoi réjouir les cigales et charmer le silence.

Lisant une Vie des troubadours et laissant venir, du fond blanchi de la page, les hommes de peu, pèlerins d'insouciance : ils traversent l'eau des siècles, ils entrent dans la chambre avec, dans la lumière matinale de leurs yeux, l'éclat de fleurs sauvages et, dans leurs mains rudes, le pollen d'une chanson.

Qu'il laisse entendre ici son nom, celui qui se dépouillait de tout, même du rien de la gloire. Fils de tailleur, tailleur d'air lui-même, il cousait ses phrases pour les plus pauvres, non pour les gens de robe et de pourpre, Guillem Figuera :

E s'el vezia bon home de cort venir lai on
el estava, il n'era tristz e dolenz

S'il voyait venir vers lui un homme de cour,
il devenait triste et malheureux

L'enfant prodigue, s'il revient, ce n'est pas pour demander l'asile d'un pardon. S'il entre dans la maison, c'est avec, à ses bras, la folie d'une lumière conquise à mains nues dans l'ardeur d'une mort.

S'il revient en eux — qui ne l'ont pas connu — c'est après un long détour, par des portes dérobées qu'ils ont négligé de condamner, dont ils n'ont plus souvenir. S'il parle, c'est pour bouleverser, non pour apaiser.

Riant dans tes larmes, pleurant dans tes rires, la vie pousse devant elle le cerceau de tes jours. Elle accourt au moindre appel, l'éternelle épousée. Si grêle que soit ta voix, elle vient. Dans ses cheveux brille une étoile filante, glanée dans un des livres où elle dormait, d'un sommeil léger.

Le feu qu'elle ranime c'est toi, tout entier recueilli dans le peu de mots.

Dehors, c'est un ciel brûlé dont plus rien ne témoigne, que la couleur bleue, unique souci. Dedans, c'est la terre jeune et sombre des lectures, tous volets clos. Passe le colporteur. Plongeant ses mains dans l'eau glacée d'un texte, il saisit un ange par les ouïes, il jette sur la berge d'une pensée des napperons de dentelle, des gravures outremer et des herbes miraculeuses. Tu regardes, tu soupèses, tu choisis. Tu t'inquiètes du prix de ce collier — d'une transparence rare — façonné par le bon Jean de La Fontaine :

Le long d'un clair ruisseau buvait une colombe.

L'amour frappe ses hôtes de stupeur, lorsque pour eux il fragmente les sources et partage les lumières. Ceux qui, de lui, pourraient dire quelque chose sont atteints de silence. Pour louer l'aube première, ils lui confient les nervures de leur main, celle qui écrit : qu'elle lui soit soumise, comme le feuillage au vent qui l'enchante.

Que la blancheur de la page soit celle de la table à laquelle tu seras, un jour, convié.

Lecture : fiévreuse amitié avec le premier venu. Grillons dans l'encrier, cigales sous la page, bruissements, murmures, plain-chant du silence. Offrande du solitaire au solitaire. Deux passants sous les grands chênes, l'un écoutant l'autre, à livre ouvert. Que se disent-ils ? Rien assurément qui fonde un nouvel ordre du monde, renouvelle le manège des astres. Plutôt cette seule évidence, marmonnée par Montaigne, l'indolent somnambule, considérant dans sa main une poignée d'argile mêlée à un peu de ciel :

C'est chose tendre que la vie et aysée à troubler.

Blanches années où tu ne savais pas encore lire, à peine marcher. Leur lumière te revient par le vitrail d'un silence. Elle instruit ton procès, elle convoque l'enfant mis en pénitence dans un coin du ciel : ce que tu cherches en vain, remuant les cendres du livre avec une baguette de coudrier, il l'avait depuis toujours trouvé, le petit sauvage.

Entre ses dents de lait, brillait une fleur d'églantier.

Que de livres dans cette chambre, que de chambres dans ces livres. Tournant les pages, tu passes d'une pièce à l'autre et la fin n'est pas d'acquérir, pas même de préserver, mais de t'appauvrir encore, sans cesse encore, jusqu'à reconnaître en toi des lumières que tes forces n'auraient su trouver, que seule ta faiblesse pouvait inventer.

Tout ce que tu as — et tu as beaucoup trop — il te faudra un jour le rendre à l'essentielle mendiante, la vie tireuse de cartes. Dépliant devant toi l'éventail naïvement colorié de tes heures, elle te demandera en échange jusqu'à ton dernier mot.

Je me souviens de vous, archanges des roseaux, pâles ailes des tilleuls, nuages convalescents, je me souviens très bien de vos ombres sur le livre oublié dans les herbes : longues promenades du bord de l'eau, et chaque seconde passait comme passe l'amoureuse, éternelle et riante, recueillant dans son tablier la blondeur d'une étoile.

J'entends vos voix de plume, j'entends vos voix de rien, et cette douceur convaincante :

Pourquoi lire, puisque tout est là ?

L'ÉLOIGNEMENT
DU MONDE

Une longue épée de silence s'enfonçait parfois dans mon cœur. L'enlever aurait aussitôt provoqué une hémorragie : je ne pouvais plus que me taire et écrire ce genre de phrases gouvernées par le blanc. Chacune m'était délivrante au temps où elle venait. Je n'ai jamais écrit que pour résoudre une crise, traverser une forêt, rejoindre le temps limpide dessous le temps obscur. Je n'ai jamais écrit que pour vous et pour moi, pour un « vous » et un « moi » à venir, non encore apparus en ce monde où il n'y a jamais eu personne.

Si nous considérons notre vie dans son rapport au monde, il nous faut résister à ce qu'on prétend faire de nous, refuser tout ce qui se présente — rôles, identités, fonctions — et surtout ne jamais rien céder quant à notre solitude et à notre silence. Si nous considérons notre vie dans son rapport à l'éternel, il nous faut lâcher prise et accueillir ce qui vient, sans rien garder en propre. D'un côté tout rejeter, de l'autre consentir à tout : ce double mouvement ne peut être réalisé que dans l'amour où le monde s'éloigne en même temps que l'éternel s'approche, silencieux et solitaire.

Dans tout ce que nous faisons nous ne faisons qu'attendre, et c'est par impatience que nous mettons, entre nous et notre attente, une poussière de volontés et de désirs, seulement par impatience.

Du point de vue de l'esprit, il n'y a aucune différence entre surabondance et pénurie : plus on va dans la solitude et plus on a besoin de solitude. Plus on est dans l'amour et plus on manque d'amour. De la solitude nous n'en aurons jamais assez et il en va de même pour l'amour — ce versant escarpé de la solitude.

La fatigue est en nous comme une pierre. Si nous pouvions l'enlever d'un seul geste, nous découvririons ce qui est dessous, et que c'est le paradis.

Qui sait nous donner une joie aussi pure que celle prodiguée par la vue d'un petit nuage blanc dans le ciel bleu ?

L'amour est détachement, oubli de soi. Nous ne pouvons y parvenir par nos propres forces, car toutes nos forces sont constamment employées à agglomérer le monde en surface de notre « moi ». Ce que nous imaginons parfois être du détachement n'est qu'indifférence ou résignation, et ce sont là encore deux métamorphoses du « moi », fortifié dans l'indifférence, assombri dans la résignation.

Le vent heurte un feuillage de la même façon que la parole d'amour touche le visage de l'amoureuse, provoquant même grâce d'abandon, même petite fièvre radieuse. Le vent et la parole d'amour disent la même chose.

Si nous allions dans le monde avec l'insouciance de l'enfant qui s'endort au beau milieu d'une foule, le monde ne pourrait plus troubler notre cœur qu'il ne peut peser sur la respiration ample et légère de l'enfant endormi.

La misère dont témoignent nos attachements n'est pas à reprocher à l'amour. Il vaudrait mieux se demander ce qui nous rend si difficile d'aimer quelqu'un sans aussitôt l'attacher à notre sort, ce qui revient à se demander pourquoi il nous est si difficile d'aimer.

L'homme du sérieux est un des plus puérils qui soient. Il se penche sur sa vie comme l'écolier sur sa copie. Il s'applique et se scandalise de l'indulgence du maître pour les mauvais élèves qui savent que la vie est parfois grave, souvent légère — jamais sérieuse.

Tu ne vas quand même pas passer ta vie dans l'adoration d'un brin d'herbe me disait celui qui passait sa vie dans l'adoration du monde où rien ne pousse, pas même un brin d'herbe.

Ceux qui savent nous aimer nous accompagnent jusqu'au seuil de notre solitude puis restent là, sans faire un pas de plus. Ceux qui prétendent aller plus loin dans notre compagnie restent en fait bien plus en arrière.

Petit arbre frémissant de lumière, te voir me donne le même cœur que de voir la bien-aimée dans sa robe de quatre sous.

Certaines choses s'enfuient dès qu'on se met à les attendre. Nous avons beau les appeler : si douce soit notre voix, elles n'y entendent que notre avidité et elles se retirent au plus loin de nous, en elles, là où nous ne saurons plus les blesser.

L'enfant qui joue dépense dans son jeu plus de lumière que les saints dans leurs prières ou que les anges dans leurs chants. L'enfant qui joue est la consolation de Dieu.

Légèreté de l'oiseau qui n'a pas besoin pour chanter de posséder la forêt, pas même un seul arbre.

Aujourd'hui mon amour je suis trop fatigué pour t'écrire. Tu trouveras dans ton cœur une lettre de plusieurs pages, remplie de silence. Lis-la lentement. La lumière de ce jour l'a écrite en mon nom. Il n'y est question que de toi et de ce repos qui me vient chaque fois que je tourne mon visage vers ton visage, là-bas, à plusieurs centaines de kilomètres.

Il faudrait accomplir toutes choses et même les plus ordinaires, surtout les plus ordinaires — ouvrir une porte, écrire une lettre, tendre une main — avec le plus grand soin et l'attention la plus vive, comme si le sort du monde et le cours des étoiles en dépendaient, et d'ailleurs il est vrai que le sort du monde et le cours des étoiles en dépendent.

Nous envoyons notre ombre en ambassade, loin devant nous. Nous la regardons parler à d'autres ombres, leur serrer la main et parfois se battre avec elles. Nous regardons tout ça de loin et le réel n'entre que pour peu dans nos vies — dans l'effraction d'une joie ou d'une douleur auxquelles nous commençons par refuser de croire.

La certitude d'avoir été, un jour, une fois, aimé — c'est l'envol *définitif* du cœur dans la lumière.

Les saints ont brisé en eux ce principe naturel qui sépare chaque vie de toutes les autres : plus rien de l'univers ne leur est étranger et leur cœur vibre du chant de l'étoile comme du murmure de la neige, du sourire des morts comme des pleurs du nouveau-né. Il n'y a pas d'autre humanité que celle des saints. Il n'y a pas d'autre humanité que selon ce point de vue surnaturellement amoureux, amoureusement surnaturel.

L'émerveillement crée en nous un appel d'air. L'éternel s'y engouffre à la vitesse de la lumière dans un espace soudain vidé de tout.

Fragment d'une lettre que l'on n'enverra pas : « J'entends ce que vous me dites et j'entends plus encore la manière dont vous le dites. Vous demandez quelque chose qui vous manque, et parce qu'elle vous manque vous en parlez comme si elle vous était due. Vous me faites penser à cette phrase entendue l'autre jour dans la rue : “elle *veut* être aimée, quelle imbécillité !”. Cette parole est dure, mais la vérité a parfois des dents de loup. L'imbécillité en question est dans la croyance que notre volonté nous ouvre un droit sur ce dont nous avons besoin, y pose déjà une légère griffe. Mais, franchement, qu'est-ce qui mérite en nous d'être aimé ? J'ai beau chercher, je ne vois rien. L'imbécillité n'est pas de demander mais de changer sa demande en plainte et bientôt en exigence. Je sais bien, vous ne parlez pas de cela, mais c'est sur ce ton que vous parlez et la vérité est dans le souffle avant d'être dans les mots. J'écoute vos raisons et je n'entends que votre dépit. Mais je n'ai jamais trouvé une once de vérité dans l'amertume. Je n'y ai jamais entendu que la misère d'un amour-propre déçu. Je ne reconnais l'éclat du vrai que dans la joie et dans cette conscience de nous-mêmes qui l'accompagne toujours, cette conscience *radieuse* de n'être rien — et dès lors comment prétendre à quoi que ce soit, pourquoi s'entêter dans une demande qui ne sait trop ce qu'elle veut et ne sait que le vouloir ? L'amour ne vient que par grâce et sans tenir aucun compte de ce que nous sommes. D'ailleurs, si c'était le cas, il ne viendrait jamais. Rassurez-vous : si j'écris sur ces choses, je suis loin d'en être digne. Du moins je ne cesse de les contempler comme sur la route pleine d'ombre on regarde à l'horizon les montagnes que l'on n'atteindra pas encore aujourd'hui. »

Nous sommes devant la vie comme devant un messager qui frapperait chaque matin à notre porte. Nous l'invitons à entrer, nous le faisons asseoir et nous commençons à lui confier nos espérances et à lui faire part de nos plaintes, avant de lui proposer de partager notre repas et de nouveau la litanie des plaintes, le bavardage des espérances, à présent c'est le soir, nous le raccompagnons à la porte et nous le saluons sans avoir pensé une seconde à lire cette lettre qu'il agitait tout ce temps sous nos yeux.

— La solitude ne vous est pas trop pesante ?

— La solitude est la légèreté même : le cœur y vole comme l'alouette dans la lumière qui s'ouvre.

Un fin désespoir accompagne à notre insu toutes nos fêtes, comme si toutes nos joies venaient à la place d'une autre joie incomparablement plus grande mais hors d'atteinte.

Le jour de notre mort traverse chaque jour de notre vie comme une eau plus sombre dans l'eau limpide, mais nous sommes trop agités pour le voir et saluer comme il convient notre prochaine disparition dans toutes présences du monde.

Je ne sais rien d'équivalent en gloire à ton visage lorsque tu ris, mon amour. Cette lumière de ton visage en moi, la mort ne saura s'en saisir comme elle fera de tout le reste. Elle prendra le reste parce qu'elle l'aura déjà tenu entre ses bras dans le cours de la vie. Ce visage, elle échouera à le prendre, et s'en approcherait-elle qu'elle s'y brûlerait les doigts.

Nous passons notre vie devant une porte sans voir qu'elle est grande ouverte et que ce qui est derrière est déjà là, devant nos yeux.

Flux de lumière passante, onde de lumière vivante, beauté de ces lumières qui vont au fond du ciel comme en surface des eaux, énigme de cette beauté impassible, indifférente à notre sort : je n'ai jamais vu autant de splendeur que dans le ciel de Pologne, à quelques kilomètres du camp de concentration de Treblinka.

La beauté de la nature ne prouve pas l'existence d'un Dieu, ou bien alors celle d'un Dieu indifférent, et donc d'un Diable. La beauté de la nature apaise, console, guérit mais ne prouve rien. La lumière d'un feuillage nous dit bien quelque chose de l'éternel mais précisément elle ne fait que le dire et ne se confond pas avec son dire. Si la nature nous murmure quelque chose, c'est qu'elle n'est pas le paradis, bien qu'elle ait quelque chose à nous confier à son sujet. Nous sommes si impatients de l'entendre que nous ne relevons dans ses murmures que l'unique mot de « paradis », oubliant la négation qui pèse doucement sur lui, comme l'ombre pèse secrètement sur un feuillage.

Une petite sentinelle de silence veille jour et nuit sur notre cœur. Les mots d'amour lui apportent à manger.

— J'ai souvent le sentiment que rien n'a d'importance. Ce sentiment n'est pas malheureux. Il est plutôt tranquille, calme. D'ailleurs c'est moins un sentiment qu'une évidence — une vérité de loin venue, une neige qui couvre presque tout.

— Pourquoi « presque tout » : qu'est-ce qui résiste à cette « vérité » ?

— Trois choses et seulement trois. Ou plutôt une seule chose, la même entrevue dans ses trois états : solitude, silence, amour.

Fragment d'une lettre envoyée : « Tu es celle par qui me vient le goût profond de vivre. Il ne faut pas craindre une telle phrase. Elle ne t'engage en rien. Le don que tu me fais est un vrai don — impossible à reprendre. Le bonheur c'est de te savoir en vie, et que cette vie passe au plus loin de moi n'importe pas. Au début j'ai cru que tu étais le monde entier. Je l'ai cru d'une croyance enfantine et sans doute nécessaire. En t'éloignant tu m'as appris que tu n'en étais que le seuil et que les chemins, loin de mener à toi, ne font qu'en partir pour me conduire à l'infini. Aujourd'hui, je n'attends rien de toi. Je voudrais seulement que la vie te soit douce et que tu ne meures jamais. C'est là encore une espérance naïve, mais j'y tiens plus qu'à tout : cette naïveté-là manque aux anges et c'est pourquoi leur joie est si imparfaite. »

— Écrire est la plus faible activité que je connaisse, celle qui permet d'attendre sans trop s'éloigner de son attente.

— Et qu'attendez-vous ainsi avec tant de constance ?

— J'attends ce qu'on attend toujours : que l'amour qui passe soit un amour qui demeure.

— Mais si vous attendiez en vain ?

— Ce ne peut être en vain car mon attente et cet amour ne font qu'un seul.

L'enfant en bas âge s'aventure dans la parole comme on se risque en pays étranger : captant quelques intonations, apprenant vite les rudiments nécessaires à la satisfaction de ses besoins vitaux. La langue dite natale n'est qu'une langue étrangère que l'on aurait, avec le temps, parfaitement assimilée. La seule langue vraiment natale est celle dont nous connaissons d'emblée les moindres finesses : ses mots, ce sont les visages. Ses phrases, ce sont celles d'un amour où plus rien de nous n'est laissé à l'étranger.

Ce qui est dit n'est *jamais* entendu tel que c'est dit : une fois que l'on s'est persuadé de cela, on peut aller en paix dans la parole, sans plus aucun souci d'être bien ou mal entendu, sans plus d'autre souci que de tenir sa parole au plus près de sa vie.

Nous allons ici et là, à la recherche d'une joie partout en miettes, et le sautillement du moineau est notre seule chance de goûter à Dieu éparpillé sur terre.

Qu'espérer d'un amour pur sinon qu'il rende notre solitude pure ?

Il y a une épaisseur entre la vie et nous. Nous pouvons la nommer fatigue, crainte, pensée, ambition, nous pouvons bien lui donner tous les noms — ils seront tous justes, mais le seul qui convient pleinement c'est : nous-mêmes. Ce qui se tient entre notre vie et nous comme un obstacle c'est nous-mêmes, cet épaississement de nous-mêmes dans nous-mêmes que nous considérons comme une preuve de maturité, une certitude d'existence. Il nous manque d'aller dans notre vie comme si nous n'y étions plus, avec cette souplesse du chat entre les herbes hautes, ou avec ce fin sourire de l'amoureuse devant son cœur cambriolé.

Le geste d'écrire est comme celui de poser un doigt sur une dent cariée, en appuyant soudain très fort : la douleur portée à son extrême est aussitôt suivie d'un calme énorme. L'étrange dans cette affaire est que la dent malade est une dent qui manque.

L'enfant qui dort est la figure de la vie éternelle, abandonnée, confiante, aux mains de Dieu. L'arbre qui tremble est la figure de la vie éphémère, soumise à l'humeur des saisons. L'enfant qui dort et l'arbre qui tremble sont les deux figures reines de la vie vivante.

Écrire c'est porter un soin extrême à ce que l'on fait — chose évidemment impossible dans la vie où l'on se contente de faire attention à l'essentiel en négligeant le reste, oubliant que l'essentiel n'est rien d'autre que ce que l'on néglige.

Il nous faut devenir adultes pour comprendre que les adultes n'existent pas et que nous avons été élevés par des enfants que l'armure de nos rires rendait faussement invulnérables.

Il ne suffit pas qu'une seule parole soit juste. Il faut encore que celui qui la prononce soit sans fausseté : la vérité est si faible qu'elle s'épuiserait dans une trop grande distance entre elle et nous, comme un petit enfant incapable de trouver sa nourriture loin de sa mère.

Une réponse à une question sans intérêt : « Vous m'interrogez sur les lieux d'écriture et sur ma vie, dites-vous, "loin du monde". Mais il en va de ma présence ici comme de tout le reste : aucune décision claire. Je ne me souviens pas d'avoir jamais voulu telle ou telle vie. Je n'ai depuis l'enfance employé mes forces qu'à refuser ce qu'on me proposait, au nom d'une chose dont j'ignorais ce qu'elle était — et je l'ignore encore. Ma présence dans cette petite ville est le produit de ces refus accumulés, mais je ne saurais dire qu'elle résulte d'un choix. Ma vie est là et il me semble qu'elle pourrait aussi bien être ailleurs, la même. D'ailleurs je n'habite pas ici. J'habite dans la clarté de quelques visages et dans une poignée de paroles assez faibles pour se faire entendre. Oui c'est là que je vis, dans le dehors si vous voulez, mais dans un dehors non géographique, non repérable sur les cartes. Quant aux lieux "favorables à l'écriture", je ne crois pas qu'il y en ait, pas plus que de lieux favorables à l'amour. Il y a en nous une pureté que rien ne sait corrompre, ni le monde ni nous-mêmes dans notre asservissement au monde : cette pureté est notre seul lieu de séjour dans cette vie, que nous en ayons conscience ou non. »

Le monde ne tient que parce que nous nous croyons contraints de le porter sur nos épaules — sans voir que personne ne nous demande une telle chose.

J'ai trouvé, mon amour, le nom le plus secret et le plus clair pour dire ce qu'est ta vie dedans ma vie : l'air. Tu es l'air qui ne me fait jamais défaut, cet air si nécessaire à la pensée et au rire, cet air qui rafraîchit mon cœur et fait de ma solitude une place battue par tous les vents.

La solitude est un bien premier de la vie, au même titre que la nourriture ou le sommeil. La nécessité de nous procurer quotidiennement ces biens nous dispense de toute autre justification :

pas plus qu'on ne raisonne le besoin de manger ou dormir, on ne doit justifier le besoin d'être seul.

Au regard du monde, les gens de pouvoir tiennent la place la plus haute. Au regard de l'esprit, ils occupent la place la plus basse et n'appellent que cette compassion que l'on éprouve devant les lourdes infirmités.

Nous nous plaignons du monde comme on se plaint de ne pouvoir sortir d'une pièce dont nous aurions fermé la porte à clef et jeté la clef par la fenêtre.

Les pesanteurs d'une écriture ne sont pas des pesanteurs dans l'écriture mais dans la vie de celui qui écrit : c'est toujours quand la vie est entravée que la langue trébuche.

La conscience hautaine de soi-même va toujours avec un état intérieur dépressif — comme un empire qui ne croit plus en lui se fortifie à ses frontières et s'enorgueillit de ses tombeaux.

L'amour nous fait toucher au cœur perdu du monde avec infiniment d'égards et de délicatesses, comme dans un rêve on voit une porte qui s'ouvre devant nous sous notre seule intention de l'ouvrir, avant que nous ayons posé la main sur la poignée.

Une lettre longtemps retenue : « J'ai lu avec le calme et le silence qu'elles demandaient ces pages écrites après la mort de votre fils de onze ans. Que vous dire sinon que je ne peux rien vous dire — seulement entendre. Toute parole empruntée à ce monde, fût-ce pour vous consoler, et cette parole là plus encore que les autres, ne ferait qu'ajouter une injure à cette douleur qui vous occupe chaque matin à votre éveil, pour la journée entière. Vos pages sont plus que des pages d'écriture. Elles sont intouchables. Elles font comme un journal que vous tiendriez depuis maintenant quatre ans et qui ne parlerait pas du temps mais d'une brûlure intemporelle en ce qu'elle n'en finit pas de vous arriver. Il y a un émerveillement de la naissance de tout. Vous êtes dans la face noire de cet émerveillement, chaque jour dans la première fois de mourir. Votre voix est si calme qu'on dirait qu'elle s'élance vers les yeux de l'enfant pour les fermer doucement, chaque jour depuis quatre ans comme, je suppose, vous deviez l'amener à baisser ses paupières sur la rumeur de son sang lorsqu'il était de ce monde, petit enfant dans le refus de dormir, semblable à tous, unique. Vous faites votre travail de mère comme si ce travail n'avait jamais de fin et devait être poursuivi bien après la montée des ombres et la crue de la mort. Ce qui plus que tout me bouleverse est que vous ne maudissiez pas cette vie qui vous a pris le cœur. Vous êtes bien au-delà de l'optimisme et du pessimisme qui sont les deux roues en bois sur lesquelles le monde tourne en grinçant. Vous êtes dans cette lumière qui est le fond de la vie même : elle n'est pas l'oubli de nos morts. Elle est leur présence pure, mêlée à la douceur de l'air — blessure et force. »

L'ironie est une manifestation de l'avarice, une crispation de l'intelligence serrant les dents plutôt que de lâcher un seul mot de louange. L'humour, à l'inverse, est une manifestation de la générosité : sourire de ce qu'on aime c'est l'aimer deux fois plus.

C'est un étrange métier que celui d'écrire parce que c'est moins un métier qu'un état et moins un état que l'espérance de cet état de plénitude qui, si nous pouvions l'atteindre et y demeurer indéfiniment, nous dispenserait d'écrire.

De même que le petit enfant, quand il commence à marcher, s'appuie au corps de sa mère comme à ce qui lui semble d'une solidité à toute épreuve, de même devons-nous, pour traverser le monde, nous appuyer à cette solitude en nous, inébranlable.

Ce que nous appelons « moi » et à quoi nous tenons tant est de même nature qu'un flocon de neige se heurtant à des milliers d'autres flocons semblables dans une lutte hasardeuse et terriblement brève.

— Depuis quand écrivez-vous ?
— Depuis que je n'ai plus le souci d'écrire.

Les saints connaissent une porte entre le monde et l'amour. S'ils la franchissent en silence c'est que cette porte et leur silence ne font qu'un.

Il n'y a pas un « problème » du Mal, car un problème laisse toujours l'espérance d'une solution. Il y a une lumière du Mal que rien n'égale, sinon la lumière du Bien. Dans la première c'est l'éternel qui est aveuglé et qui, un temps, recule. Dans la seconde, c'est le monde.

Thérèse d'Avila, lorsqu'elle faisait à manger pour ses sœurs, veillait à la bonne cuisson d'un plat et concevait dans le même temps des pensées éblouissantes de Dieu. Elle exerçait alors cet art de vivre qui est le plus grand art : jouir de l'éternel en prenant soin de l'éphémère.

L'artiste a affaire avec l'invisible de la beauté. Le saint a affaire avec l'invisible de la grâce. Mais, en regard du travail des mères, artistes et saints ne sont que dilettantes : rien de plus essentiel que de servir cette petite enfance sur laquelle repose l'architecture de tous mondes invisibles.

Notre ignorance de ce qu'est la vie dans ses profondeurs ne nous empêche pas de la vivre et d'en avoir par là une intelligence *parfaite* bien que taciturne.

— Vous parlez trop de l'amour.

— Citez-moi une chose, une seule, qui ne soit pas liée à l'amour et qui vaille trois secondes de parole.

La sainteté a si peu à voir avec la perfection qu'elle en est le contraire absolu. La perfection est la petite sœur gâtée de la mort. La sainteté est le goût puissant de cette vie comme elle va — une capacité enfantine à se réjouir de ce qui est sans rien demander d'autre.

Il nous faut, en même temps qu'au monde, résister au souci que nous avons de nous-mêmes, autre voie par laquelle le monde pourrait revenir en nous comme un rôdeur dans la maison ensommeillée.

La beauté est une guérison de l'esprit par aggravation de son mal — du sel lancé sur une blessure franche.

La fièvre d'un rosier après le passage d'une pluie est ce qui ressemble le plus à ce que nous appelons « vie intérieure » : nous ne recevons notre âme que *de l'extérieur*, comme un don à chaque fois imprévisible.

Très peu de vivants et beaucoup de morts dans cette vie — mort étant celui qui ne se lâche jamais et ne sait pas s'éloigner de soi dans un amour ou dans un rire.

La prière est l'unique lien au réel — si par « prière » on entend simplement une attention extrême et insoucieuse d'aucun résultat, une attention si pure que celui qui l'exerce ignore même qu'il l'exerce.

Paisible étang de Saint-Sernin en Saône-et-Loire, je pense à toi ce soir, j'aimerais que mon encre soit semblable à tes eaux vibrant sous le pied nu des anges et que, lisant ce petit livre, on y trouve cette lumière que tu donnes sans compter.

Christian Bobin est né le 24 avril 1951 au Creusot.

Suivent trente années de sommeil où tout ce qui semble réel n'est que le même rêve empruntant diverses formes.

Années d'enfance passées au chaud des livres.

Études de philosophie et découverte des voix pures de Kierkegaard et Simone Weil.

Poussière des travaux. Un mois ici, un mois là, un an dans la Bibliothèque municipale d'Autun, dix ans dans un musée au Creusot à écouter des gens instruits parler de choses sans importance.

Durant cette période, peu de voyages et encore moins d'événements.

Vers 1980, apparition de l'écriture. *L'Enchantement simple, Souveraineté du vide, La Part manquante.* Les livres s'avancent avec l'aplomb des somnambules, bras tendus dans le noir.

À qui ne supporte pas le rien du monde, la littérature propose son opium : un engourdissement revient, lentement.

1999 : mort de son père.

Assez dormi.

BIBLIOGRAPHIE

Aux Éditions Gallimard

LA PART MANQUANTE (Folio n° 2554)
LA FEMME À VENIR (Folio n° 3254)
UNE PETITE ROBE DE FÊTE (Folio n° 2466)
LE TRÈS-BAS (Folio n° 2681)
L'INESPÉRÉE (Folio n° 2819)
LA FOLLE ALLURE (Folio n° 2959)
LA PLUS QUE VIVE (Folio n° 3108)
AUTOPORTRAIT AU RADIATEUR (Folio n° 3308)
GEAI (Folio n° 3436)
RESSUSCITER (Folio n° 3809)
LA LUMIÈRE DU MONDE (Folio n° 3810)
LOUISE AMOUR (Folio n° 4244)

En collaboration avec Édouard Boubat

DONNE-MOI QUELQUE CHOSE QUI NE MEURE PAS

Aux Éditions Fata Morgana

SOUVERAINETÉ DU VIDE (repris en Folio n° 2680)
L'HOMME AU DÉSASTRE
LETTRES D'OR
ÉLOGE DU RIEN
LE COLPORTEUR
LA VIE PASSANTE
UN LIVRE INUTILE

Aux Éditions Lettres Vives

L'ENCHANTEMENT SIMPLE
LE HUITIÈME JOUR DE LA SEMAINE

L'AUTRE VISAGE

L'ÉLOIGNEMENT DU MONDE

MOZART ET LA PLUIE

LE CHRIST AUX COQUELICOTS

Aux Éditions du Mercure de France

TOUT LE MONDE EST OCCUPÉ (repris en Folio n° 3535)

PRISONNIER AU BERCEAU

Aux Éditions La Passe du vent

LA MERVEILLE ET L'OBSCUR, suivi de LA PAROLE VIVE

Aux Éditions Brandes

LETTRE POURPRE

LE FEU DES CHAMBRES

Aux Éditions Le Temps qu'il fait

ISABELLE BRUGES (repris en Folio n° 2820)

QUELQUES JOURS AVEC ELLES

L'ÉPUISEMENT

L'HOMME QUI MARCHE

L'ÉQUILIBRISTE

LA PRÉSENCE PURE

Livres pour enfants

CLÉMENCE GRENOUILLE

UNE CONFÉRENCE D'HÉLÈNE CASSICADOU

GAËL PREMIER, ROI D'ABÎMMMMMME ET DE MORNE-LONGE

LE JOUR OÙ FRANKLIN MANGEA LE SOLEIL

Aux Éditions Théodore Balmoral

CŒUR DE NEIGE

Les textes rassemblés dans ce livre avaient auparavant séjourné dans ce qu'il est convenu d'appeler de « petites » maisons d'éditions : Lettres Vives (pour *L'Enchantement simple, Le Huitième jour de la semaine* et *L'Éloignement du monde*), Brandes puis Fata Morgana (pour *Le Colporteur*). Que les hôtes de ces maisons soient ici remerciés pour leur accueil premier.

C.B.

DERNIÈRES PARUTIONS

295. Henri Pichette — *Apoèmes.*
296. Stéphane Mallarmé — *Vers de circonstance.*
297. John Keats — *Poèmes et poésies.*
298. Paul Claudel — *Cent phrases pour éventails.*
299. Louis Calaferte — *Rag-time.*
300. André Breton — *Poisson soluble.*
301. David Herbert Lawrence — *Poèmes.*
302. *** — *Les Poètes du Chat Noir.*
303. Joachim Du Bellay — *Divers Jeux rustiques.*
304. Juvénal — *Satires.*
305. Odysseus Elytis — *Axion Esti.*
306. Nuno Júdice — *Un chant dans l'épaisseur du temps.*
307. Pentti Holappa — *Les Mots longs.*
308. Max Elskamp — *La Chanson de la rue Saint-Paul.*
309. *** — *Anthologie de la poésie religieuse française.*
310. René Char — *En trente-trois morceaux.*
311. Friedrich Nietzsche — *Poèmes. Dithyrambes pour Dionysos.*
312. Daniel Boulanger — *Les Dessous du ciel.*
313. Yves Bonnefoy — *La Vie errante. Remarques sur le dessin.*
314. Jean de la Croix — *Nuit obscure. Cantique spirituel.*
315. Saint-Pol-Roux — *La Rose et les Épines du chemin.*
316. *** — *Anthologie de la poésie française du XVIIIe siècle.*

317. Philippe Jaccottet — *Paysages avec figures absentes.*
318. Heinrich Heine — *Nouveaux poèmes.*
319. Henri Michaux — *L'Espace du dedans.*
320. Pablo Neruda — *Vingt poèmes d'amour. Les Vers du capitaine.*
321. José Ángel Valente — *Trois leçons de ténèbres.*
322. Yves Bonnefoy — *L'Arrière-pays.*
323. André du Bouchet — *l'ajour.*
324. André Hardellet — *La Cité Montgol.*
325. António Ramos Rosa — *Le cycle du cheval*
326. Paul Celan — *Choix de poèmes.*
327. Nâzim Hikmet — *Il neige dans la nuit.*
328. René Char — *Commune présence.*
329. Gaston Miron — *L'homme rapaillé.*
330. André Breton — *Signe ascendant.*
331. Michel Deguy — *Gisants.*
332. Jean Genet — *Le condamné à mort.*
333. O. V. de L. Milosz — *La Berline arrêtée dans la nuit.*
334. *** — *Anthologie du sonnet français de Marot à Malherbe.*
335. Jean Racine — *Cantiques spirituels.*
336. Jean-Pierre Duprey — *Derrière son double.*
337. Paul Claudel — *Bréviaire poétique.*
338. Marina Tsvétaïéva — *Le ciel brûle* suivi de *Tentative de jalousie.*
339. Sylvia Plath — *Arbres d'hiver* précédé de *La Traversée.*
340. Jacques Dupin — *Le corps clairvoyant.*
341. Vladimír Holan — *Une nuit avec Hamlet.*
342. Pierre Reverdy — *Main d'œuvre.*
343. Mahmoud Darwich — *La terre nous est étroite.*
344. *** — *Anthologie de la poésie française du XXe siècle,* I.
345. *** — *Anthologie de la poésie française du XXe siècle,* II.
346. Pierre Oster — *Paysage du Tout.*
347. Édouard Glissant — *Pays rêvé, pays réel.*
348. Emily Dickinson — *Quatrains et autres poèmes brefs.*

349. Henri Michaux — *Qui je fus* précédé de *Les Rêves et la Jambe*.
350. Guy Goffette — *Éloge pour une cuisine de province* suivi de *La vie promise*.
351. Paul Valéry — *Poésie perdue*.
352. *** — *Anthologie de la poésie yiddish*.
353. *** — *Anthologie de la poésie grecque contemporaine*.
354. Yannis Ritsos — *Le mur dans le miroir*.
355. Jean-Pierre Verheggen — *Ridiculum vitae* précédé de *Artaud Rimbur*.
356. André Velter — *L'Arbre-Seul*.
357. Guillevic — *Art poétique* précédé de *Paroi* et suivi de *Le Chant*.
358. Jacques Réda — *Hors les murs*.
359. William Wordsworth — *Poèmes*.
360. Christian Bobin — *L'Enchantement simple*.
361. Henry J.-M. Levet — *Cartes Postales*.
362. Denis Roche — *Éros énergumène*.
363. Georges Schehadé — *Les Poésies*, édition augmentée.
364. Ghérasim Luca — *Héros-Limite* suivi de *Le Chant de la carpe* et de *Paralipomènes*.
365. Charles d'Orléans — *En la forêt de longue attente*.
366. Jacques Roubaud — *Quelque chose noir*.
367. Victor Hugo — *La Légende des siècles*.
368. Adonis — *Chants de Mihyar le Damascène* suivi de *Singuliers*.
369. *** — *Haiku*. Anthologie du poème court japonais.
370. Gérard Macé — *Bois dormant*.
371. Victor Hugo — *L'Art d'être grand-père*.
372. Walt Whitman — *Feuilles d'herbe*.
373. *** — *Anthologie de la poésie tchèque contemporaine*.
374. Théophile de Viau — *Après m'avoir fait tant mourir*.
375. René Char — *Le Marteau sans maître* suivi de *Moulin premier*.
376. Aragon — *Le Fou d'Elsa*.

377. Gustave Roud	*Air de la solitude.*
378. Catherine Pozzi	*Très haut amour.*
379. Pierre Reverdy	*Sable mouvant.*
380. Valère Novarina	*Le Drame de la vie.*
381. ***	*Les Poètes du Grand Jeu.*
382. Alexandre Blok	*Le Monde terrible.*
383. Philippe Jaccottet	*Cahier de verdure* suivi de *Après beaucoup d'années.*
384. Yves Bonnefoy	*Les planches courbes.*
385. Antonin Artaud	*Pour en finir avec le jugement de dieu.*
386. Constantin Cavafis	*En attendant les barbares.*
387. Stéphane Mallarmé	*Igitur. Divagations. Un coup de dés.*
388. ***	*Anthologie de la poésie portugaise contemporaine.*
389. Marie Noël	*Les Chants de la Merci.*
390. Lorand Gaspar	*Patmos* et autres poèmes.
391. Michel Butor	*Anthologie nomade.*
392. ***	*Anthologie de la poésie lyrique latine de la Renaissance.*
393. ***	*Anthologie de la poésie française du XVIe siècle.*
394. Pablo Neruda	*La rose détachée.*
395. Eugénio de Andrade	*Matière solaire.*
396. Pierre Albert-Birot	*Poèmes à l'autre moi.*
397. Tomas Tranströmer	*Baltiques.*
398. Lionel Ray	*Comme un château défait.*
399. Horace	*Odes.*
400. Henri Michaux	*Poteaux d'angle.*
401. W. H. Auden	*Poésies choisies.*
402. Alain Jouffroy	*C'est aujourd'hui toujours.*
403. François Cheng	*À l'orient de tout.*
404. Armen Lubin	*Le passager clandestin.*
405. Sapphô	*Odes et fragments.*
406. Mario Luzi	*Prémices du désert.*
407. Alphonse Allais	*Par les bois du Djinn.*
408. Jean-Paul de Dadelsen	*Jonas* suivi des *Ponts de Budapest.*

409. Gérard de Nerval — *Les Chimères*, suivi de *La Bohême galante, Petits châteaux de Bohême.*

410. Carlos Drummond de Andrade — *La machine du monde* et autres poèmes.

411. Jorge Luis Borges — *L'or des tigres.*

412. Jean-Michel Maulpoix — *Une histoire de bleu.*

413. Gérard de Nerval — *Lénore* et autres poésies allemandes.

414. Vladimir Maïakovski — *À pleine voix.*

415. Charles Baudelaire — *Le Spleen de Paris.*

416. Antonin Artaud — *Suppôts et Suppliciations.*

417. André Frénaud — *Nul ne s'égare* précédé de *Hæres.*

418. Jacques Roubaud — *La forme d'une ville change plus vite, hélas, que le cœur des humains.*

419. Georges Bataille — *L'Archangélique.*

420. Bernard Noël — *Extraits du corps.*

421. Blaise Cendrars — *Du monde entier au cœur du monde* (Poésies complètes).

422. *** — *Les Poètes du Tango.*

423. Michel Deguy — *Donnant Donnant* (Poèmes 1960-1980).

424. Ludovic Janvier — *La mer à boire.*

Ce volume,
le trois cent soixantième
de la collection Poésie,
a été composé par Interligne et
achevé d'imprimer sur les presses
de l'imprimerie Bussière à Saint-Amand (Cher),
le 20 septembre 2006.
Dépôt légal : septembre 2006.
1er dépôt légal dans la collection : août 2001.
Numéro d'imprimeur : 61959.

ISBN 2-07-041810-3./Imprimé en France.

147054